# ALEGRIA MUSICAL 9

**AUTOR: ADA RODRÍGUEZ GUEVARA**

" La música es un deleite para el alma y sin ella la vida sería aburrida"

Ada C. Rodríguez Guevara.

**Autora:**

Ada C. Rodríguez Guevara.

Ilustración de portada y diseños: Yavel Más Falcón

_____

Alegría Musical 9. Primera Edición.

El material contenido en este libro ha sido seleccionado, organizado y estructurado por Ada C. Rodríguez Guevara. Por tal motivo queda terminantemente prohibido copiar, reproducir o transcribir por cualquier medio, incluyendo sistemas electrónicos.

# Al Alumno

Este libro constituye el texto de música que utilizarás en el transcurso del año escolar. Está estructurado en: presentación, índice, área, glosario y bibliografía.

En el primer trimestre estudiarás: Los elementos del lenguaje musical o gramática musical en el que repasarás todas las figuras musicales sus silencios y valores de cada una. Otro contenido será la escala musical de: do, la y mi, además del compás de 4 por 4.

El segundo trimestre tiene como temas: La cultura musical y conocerás las características de la música en la antigüedad. El aporte cultural de los pueblos de mayor desarrollo musical será otro tema a aprender en este período de estudio por último conocerás la influencia que tuvo la música de España en América, los cantos e instrumentos que heredados de este país ibérico.

En el tercer trimestre recibirás el contenido de: Práctica vocal e instrumental, interpretarás piezas corales a una, dos y tres voces, también interpretarás al instrumento melodías con registros graves y agudos. El último tema será: Apreciación musical, que abarca obras folclóricas y eruditas del repertorio nacional e internacional, aquí podrás fortalecer tus conocimientos acerca de nuestros autores, sus melodías interpretadas por artistas internacionales además de algunos géneros musicales interpretados por artistas favoritos tantos del patio como del extranjero.

En el transcurso de algunas lecciones encontrarás curiosidades relacionadas con el argumento del programa educativo de este libro.

Al final del texto, se incluye un glosario con el significado de términos musicales, para aclarar algunos aspectos del contenido. Considero que este libro contribuirá a tu formación musical, y lo recibirás con el amor que lo he creado para ti.

**Autora**

# Presentación

"La música es el arte más directo, entra por el oído y va al corazón... Es la lengua universal de la humanidad". **Astor Piazzolla**

El arte de hacer música va impregnado en cada persona. Esta manifestación del arte eleva la autoestima, ayuda a las personas a proyectarse de una forma correcta ante cualquier situación. Cuando experimentamos sentimientos positivos tendemos a tararear o cantar alguna melodía, también en momentos tristes la música puede ser un buen consejero. Por lo general cada etapa de la vida por la que atraviesa el ser humano ha estado relacionada con algún tema musical en específico. Un lugar que no tenga música resulta aburrido pues ella tiene efectos terapéuticos, por tal motivo en aeropuertos, lugares comerciales incluso en algunos hospitales proyectan temas musicales con el fin de lograr momentos placenteros.

La música aporta grandes beneficios, por ejemplo, es el denominador común para alcanzar confianza en sí mismo, es un lenguaje espiritual mediante el cual expresamos nuestros sentimientos, hace a la persona más hábil, analítica y capaz ante la solución de un problema determinado. En el plano social desarrolla individuos comunicativos, afables, joviales. La práctica de un instrumento desarrolla el hemisferio derecho del cerebro, mejora el lenguaje y la actividad motriz, por tales motivos es necesario que nuestros niños(a) y adolescentes y jóvenes se introduzcan en este mundo tan maravilloso:

**La música.**

# ÍNDICE

## Unidad I

Lección N° 1: Figuras musicales sus silencios y valores...............10

Lección N° 2: Figuras de notas y valores................13

Lección N° 3: Figuras de notas y sus valores................ 14

Lección N°4: Figuras musicales. Actividad práctica................15

Lección N° 5: Figuras musicales. Actividad práctica................ .18

Lección N° 6: La escala musical en clave de sol................20

Lección N° 7: La escala musical en clave de sol. Actividad práctica..................23

Lección N° 8: La escala musical en clave de fa en cuarta línea. Actividad P........25

Lección N° 9: La escala musical en clave de fa en tercera línea. Actividad .........27

Lección N° 10: La escala musical en clave de do................29

Lección N° 11: La escala musical en clave de do................31

Lección N° 12: Escalas musicales ...................33

Lección N° 13: Compás de 4/4................34

Lección N° 14: Compás de 4/4. Actividad práctica................35

Lección N° 15: Compás de 4/4. Himno Nacional................36

## Unidad II

Lección N° 16: La cultura musical. La música de la antigüedad................41

Lección N° 17: La cultura musical. La música de la antigüedad. Actividad Práctica................46

Lección N° 18: Aporte cultural de los pueblos de mayor desarrollo musical.........47

Lección N° 19: Aporte cultural de los pueblos de mayor desarrollo musical. ........50

Lección N° 20: Aporte cultural de los pueblos de mayor desarrollo musical.........51

Lección N° 21: La música de España y su influencia en América .... ................54

Lección N° 22: La música de España y su influencia en América. ...................57

Lección N° 23 Períodos de la música................59

Lección N° 24: Períodos de la música. Actividad práctica................63

Lección N° 25: Período Barroco. Actividad práctica................67

Lección N° 26: Período Clásico. Actividad práctica.................................68

Lección N° 27: Período Romántico. Actividad práctica............................69

Lección N° 28: Período Impresionista. Actividad práctica.............................70

## Unidad III

Lección N° 29: Práctica vocal..................................................................75

Lección N° 30: Práctica vocal e instrumental............................................78

Lección N° 31: Práctica vocal e instrumental. ..........................................79

Lección N° 32: Obras folclóricas y eruditas del repertorio nacional................... 80

Lección N° 33: Obras del repertorio nacional. Actividad práctica ....................83

Lección N° 34: Obras del repertorio internacional. ......................................84

Lección N° 35: Obras de películas y otros cantos........................................87

Lección N° 36: Obras musicales de películas. Actividad práctica. ...................88

Glosario ................................................................................................89

Bibliografía.............................................................................................92

# Unidad I

**Objetivos de Aprendizaje:** Reconoce los elementos de la lecto-escritura musical valorando su evolución mediante las distintas épocas.

Los Elementos del Lenguaje Musical o Gramática Musical:
{
Las figuras musicales y sus valores. Repaso de la redonda, blanca, negra corchea, semicorchea, fusa y semifusa.

Silencios o pausas de cada una y sus valores.
}

Escala de do, la y mi { La escala musical

El compás de 4/4

# Competencias en desarrollo

**Competencia comunicativa:**

- Comunica de manera oral, escrita, visual y gestual los elementos del lenguaje musical.
- Comprende, analiza e interpreta lo que se le comunica.

**Competencia pensamiento lógico matemático:**

- Maneja estructuras básicas, conocimientos y procesos matemáticos, que le permiten comprender el valor de cada figura de nota y silencio musical.
- Utiliza su capacidad de pensamiento reflexivo, analítico, de abstracción y síntesis en matemática aplicándolo en resolución de situaciones del contexto.

**Competencia cultural y artística:**

- Analiza de forma creativa las situaciones, conceptos y sentimientos por medio del arte musical.
- Expresa las ideas, experiencias o sentimientos mediante diferentes medios tales como la música.
- Valora la libertad de expresión, el derecho a la diversidad cultural, la importancia del diálogo intercultural y la realización de las experiencias artísticas compartidas.
- Posee capacidad creativa para proyectar situaciones, conceptos y sentimientos por medio del arte escénico y musical.

**Aprender a aprender:**

- Muestra capacidad permanente para obtener y aplicar nuevos conocimientos y adquirir destrezas.
- Pone en funcionamiento la iniciativa la imaginación y la creatividad para expresarse mediante códigos artísticos.

# Indicadores de logro

- ❖ Asocia las figuras musicales con sus silencios en trabajos prácticos sin dificultad.

- ❖ Demuestra gráficamente las figuras tomando en cuenta sus silencio y valores.

- ❖ Aplica adecuadamente los elementos del lenguaje musical en la escritura de melodías sencillas en el pentagrama.

- ❖ Distingue la escala musical de do, la y mi en el pentagrama.

- ❖ Utiliza instrumentos (guitarra, flauta dulce, otros) para interpretar las notas musicales con destreza.

- ❖ Aplica el compás de 4/4, al escuchar el Himno Nacional, y es capaz de aplicarlo también, en otra melodía que escuche con seguridad.

  - ❖ Asocia las figuras musicales con sus silencios en trabajos prácticos sin dificultad.

# Contenidos

**Conceptuales:**

- Los elementos del lenguaje o gramática musical.
- Las figuras musicales y sus valores.
- Repaso de la redonda, la blanca, negra, la corchea, la semicorchea, la fusa y la semifusa.
- Los silencios o pausas de cada una y sus valores.
- La escala musical. La escala de do, la y mi.
- El compás de 4/4.

**Procedimentales:**

- Aplicación de las figuras musicales y sus silencios en las líneas del pentagrama, categorizándolas por su valor en tiempo.
- Confección de la escala musical en orden ascendente o descendente con cada una de las claves: do, fa (cuarta línea) y sol.
- Utilización de instrumentos para entonar las notas musicales.
- Utilización del compás de 4/4 al escuchar y dirigir el Himno Nacional o determinada melodía.

**Actitudinales:**

- Valoración de las figuras musicales, sus silencios y valores, como elementos primordiales en la composición de las obras musicales.
- Orden en la elaboración de la escala musical con cada una de las claves: do, fa (4 línea) y sol en el pentagrama.
- Valoración de la belleza de la música.
- Disposición por marcar el compás de 4/4 al interpretar nuestro Himno Nacional, y aplicarlo también, al escuchar diversas melodías.

## Lección 1: Figuras musicales y sus valores

**Objetivo:** Observa las figuras y silencios musicales con sus valores.

Dentro de la gramática o elementos del lenguaje musical podemos encontrar las figuras de notas y silencios, cada una tiene una forma y valor diferente.

Ellas son: la redonda, blanca, negra, corchea, semicorchea, fusa y semifusa.

La figura de redonda tiene forma de óvalo hueco, su silencio es una barra en posición horizontal que se escribe debajo de la cuarta línea. Ambos tienen el valor de 4 tiempos.

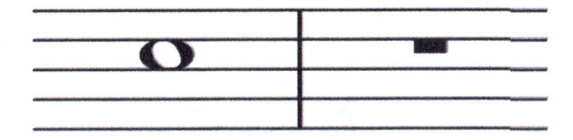

La blanca es un óvalo hueco, pero a diferencia de la redonda presenta una línea vertical llamada plica, su silencio es una barra horizontal que se coloca encima de la tercera línea. Ambos presentan el valor de 2 tiempos.

Figura de negra posee la forma de un óvalo coloreado de negro (de ahí su nombre) unido a la **plica** como la blanca, su silencio tiene forma de rayo y se ubica entre la segunda y cuarta línea del pentagrama, el valor de ambos es de un (**1**) tiempo.

Figura de corchea es igual que la negra, pero se diferencia en que la corchea presenta un ganchito llamado corchete que se une a la plica, su silencio presenta una línea oblicua a la derecha y en la izquierda se ubica un corchete. Su valor es de medio (1/2) tiempo, por lo que su sonido vale la mitad de una negra.

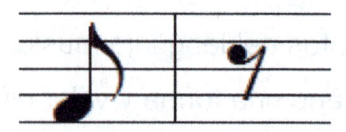

La figura de semicorchea al igual que su silencio presentan dos corchetes, el valor de ambas es de un cuarto (1/4) de tiempo.

La figura y silencio de fusa poseen 3 corchetes al igual que su silencio, y su valor es de un octavo (1/8)) de tiempo.

La figura de semifusa y su silencio presenta 4 corchetes su valor es de 1/16

**Actividad en clases**

1. Represente gráficamente en los siguientes pentagramas cada figura musical con su silencio. Seleccione un pentagrama para dos figuras quedando de la siguiente manera (redonda y blanca, negra sola, corchea y semicorchea, fusa con semifusa).

2. Escriba el valor de cada una.

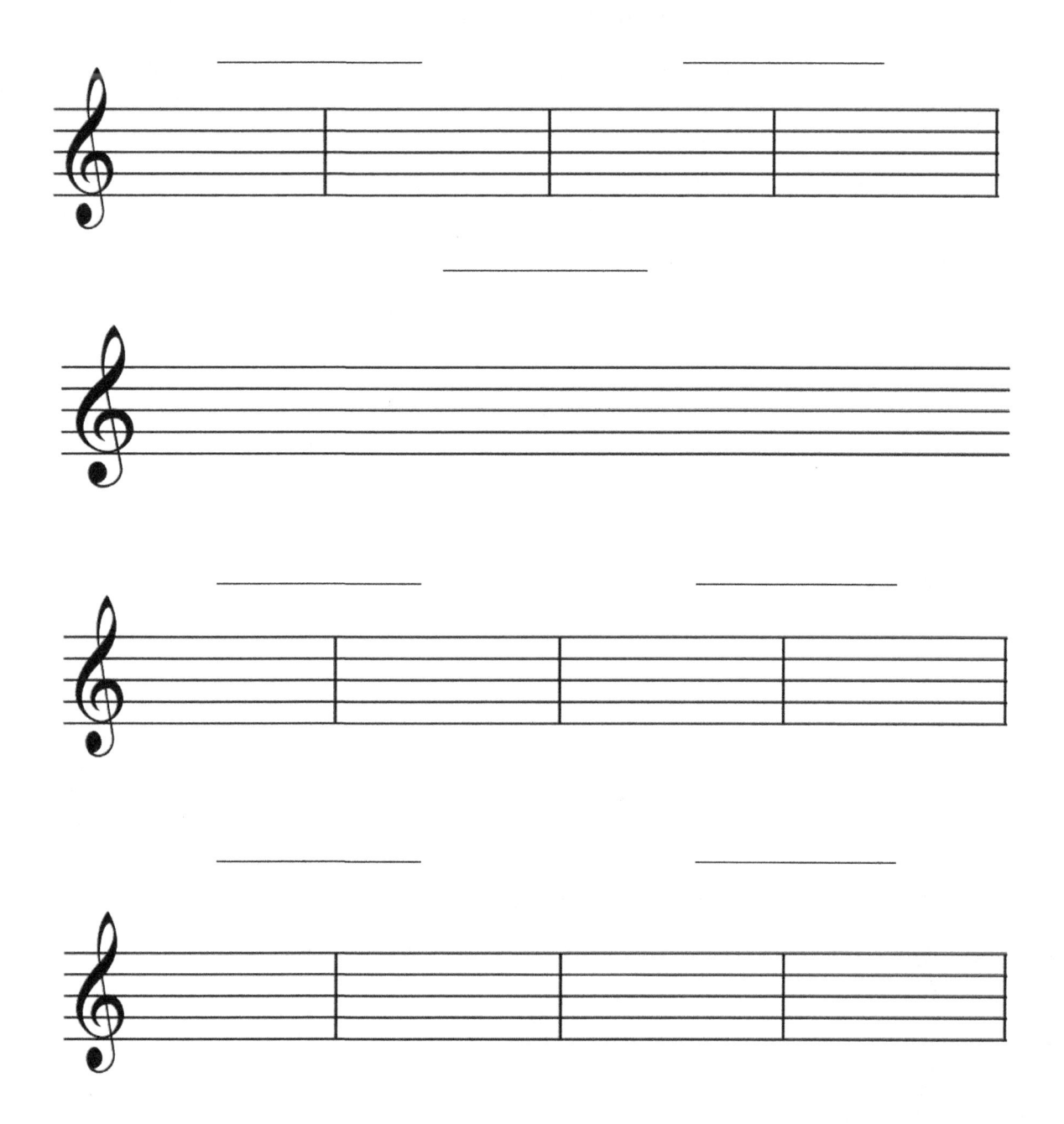

## Lección 2: Figuras musicales y sus valores

**Objetivo:** Asocia las figuras musicales con su valor y silencios.

### Actividad en clases

1. Complete el siguiente cuadro comparativo, con el valor y nombre de las figuras. Dibuje el silencio de cada una.

| Figura musical | Nombre | Silencio | Valor |
|---|---|---|---|
| 𝅝 | | | |
| 𝅗𝅥 | | | |
| 𝅘𝅥 | | | |
| 𝅘𝅥𝅮 | | | |
| 𝅘𝅥𝅮 | | | |
| 𝅘𝅥𝅯 | | | |
| 𝅘𝅥𝅰 | | | |

## Lección 3: Figuras musicales y sus valores

**Objetivo:** Aplica los elementos del lenguaje musical en la escritura del pentagrama.

### Actividad práctica

**Sugerencias:** Para la actividad el docente debe repasar al estudiante el contenido de los compases abordados en el grado anterior, analizando la pirámide de las figuras musicales, así como la equivalencia entre las mismas.

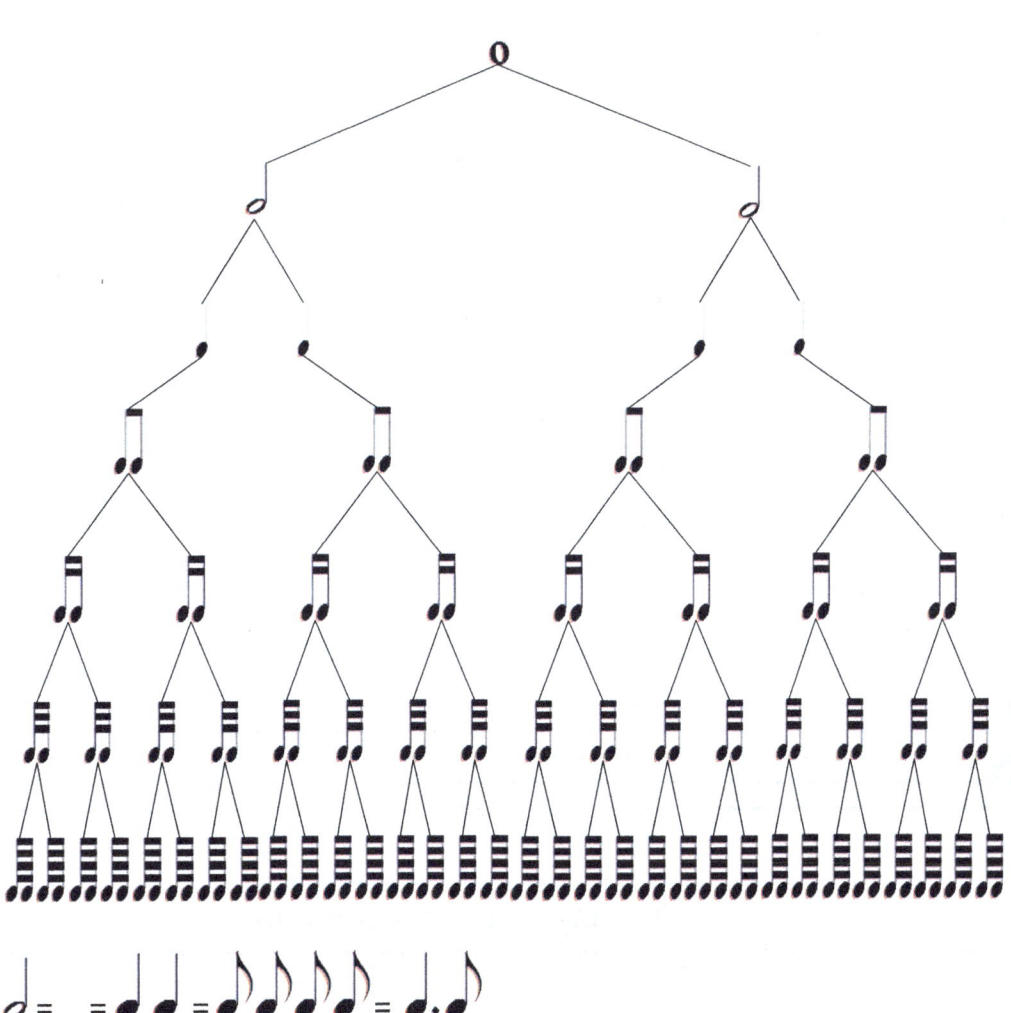

6/8 = ♪♪♪♪♪♪ = ♪♪ ♩ ♪♪ = ♪♪♪♪♩

1. Teniendo en cuenta el valor de cada figura y silencio musical arme compases de 2/4, 3/4, 4/4 y 6/8, utilice las líneas divisorias en cada caso. Coloque la cifra numérica del compás después de la clave.

   a. Compás de 2/4

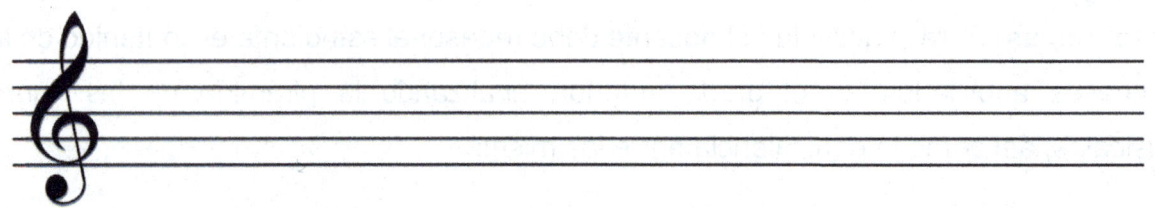

   b. Compás de 3/4

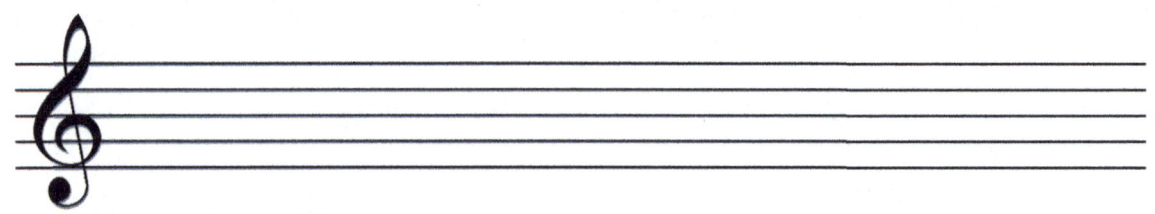

   c. Compás de 4/4

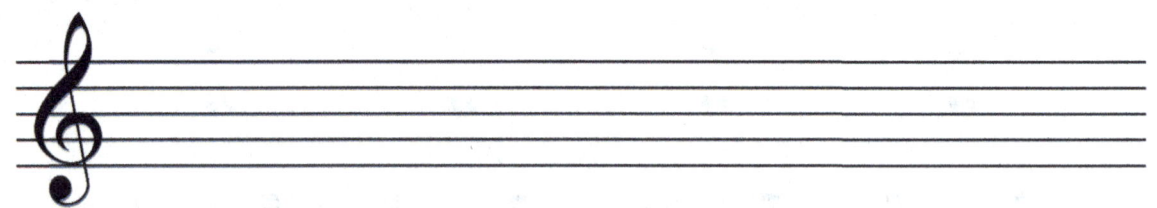

   d. Compás de 6/8

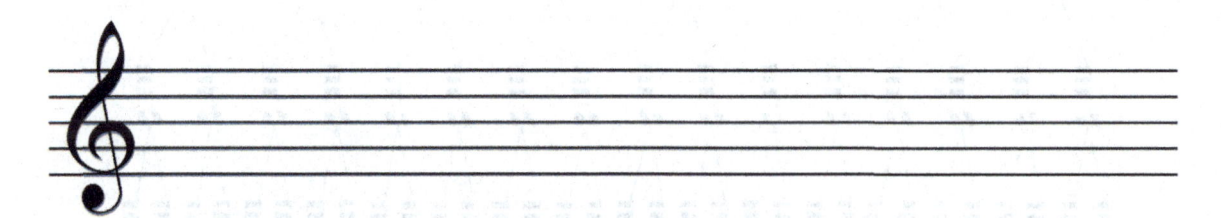

## Trabajo en competencia

**Trabajo individual**

1. Buscar en internet una partitura con tema nacional y circular con diferentes colores las diferentes figuras y silencios musicales.

## Lección 4: Figuras musicales

**Objetivo:** Asocia las figuras musicales con sus valores.

### Actividad práctica

1. Resuelva el siguiente pareo relacionando las figuras musicales con su duración mediante una flecha.

| A | B |
|---|---|
| 𝅗𝅥 | 4 tiempos |
| ♪ | 1/8 tiempo |
| ♩ | 1/ 4 tiempo |
| ♪ | 2 tiempos |
| 𝅘𝅥𝅯 | 1 tiempo |
| 𝅘𝅥𝅰 | 1/2 tiempo |
|  | 1/16 tiempo |
| 𝅝 |  |

2. Selección única. Circula la figura que corresponde a la respuesta correcta.

A. Silencio de negra.

B. Silencio de blanca.

C. Silencio de corchea.

D. Silencio de redonda.

E. Silencio de semicorchea.

F. Silencio de fusa

G. Silencio de semifusa

# Lección 5: Figuras musicales

**Objetivo:** Asocia las figuras musicales con sus valores.

### Actividad práctica

1. Identifica en la musiosopa las palabras que se relacionan con las figuras y silencios musicales. Complete las oraciones.

| S | I | L | E | N | C | I | C | S | S |
|---|---|---|---|---|---|---|---|---|---|
| I | A | N | E | G | R | A | O | E | E |
| L | U | T | R | A | D | E | R | M | M |
| E | B | L | A | N | C | A | C | I | I |
| N | E | F | I | A | R | R | H | F | C |
| C | A | U | R | I | F | E | E | U | O |
| I | T | S | U | K | A | D | A | S | R |
| O | O | A | T | E | A | O | I | A | C |
| N | E | Y | A | S | U | N | A | T | H |
| E | X | A | F | E | I | D | A | D | E |
| G | I | S | E | K | E | A | I | S | A |
| R | D | T | E | H | A | O | D | I | A |
| A | T | E | S | A | F | U | A | E | S |

1. Figura cuyo silencio es una barra horizontal que se coloca encima de la tercera línea: _____.

2. Figura cuyo silencio tiene forma de rayo y se ubica entre la segunda y cuarta línea del pentagrama. _____.

3. Figura que presenta un ganchito llamado corchete que se une a la plica: _____.

4. Figura de nota que tiene un valor de 1/4 de tiempo. _____.

5. Figura de nota que presenta tres corchetes: _____.

6. Figura cuyo valor es 1/16 avos de tiempo. _____.

7. Figura musical cuyo valor es de 4 tiempos

1. Represente mediante figuras musicales el resultado de los siguientes cálculos. Ubique la respuesta correcta en el rectángulo.

♪ + ♪ = ☐

𝅗𝅥 + 𝅗𝅥 = ☐

𝅝 − 𝅗𝅥 = ☐

♪ + ♪ + ♪ + ♪ = ☐

♩ + ♩ + ♩ + ♩ = ☐

▬ x 𝄽 = ☐

𝅗𝅥 x 𝅗𝅥 = ☐

♩ + ♩ = ☐

𝅗𝅥 − 𝅗𝅥 = ☐

𝅝 + 𝅗𝅥 = ☐

# Lección 6: La escala musical en clave de sol

**Objetivo:** Construye escala musical de do mayor, la menor y mi menor.

La escala musical está compuesta por un conjunto de sonidos. Estos están ordenados de forma ascendente y descendente, cada uno representa un grado de la escala.

En el estudio técnico de cada instrumento no puede faltar la escala pues ella es la base para el análisis e interpretación de cada melodía.

Las escalas pueden ser mayores, menores armónicas y melódicas.

En este capítulo estudiarás algunas escalas musicales en diferentes claves como: clave de **do**, **fa** y **sol**.

La escala está dada por grados que se representan por números romanos, en el caso de la escala de **do**, el primer grado (I) es la nota **do**, **re** sería el segundo (II), **mi** el tercero (III), **fa** el cuarto (IV), **sol** el quinto (V), **la** el sexto (VI), **si** el séptimo (VII).

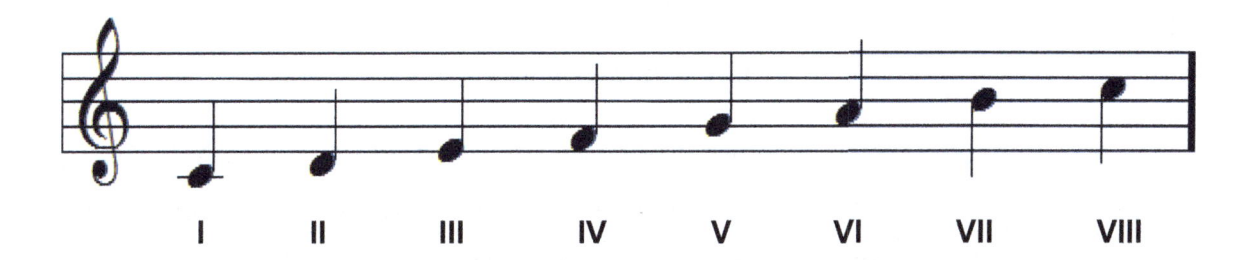

La escala de **do** mayor no presenta ninguna alteración en la armadura de clave, ni tan siquiera notas alteradas de forma accidental. La primera nota es la que le da el nombre a la escala.

Escala de do mayor ascendente y descendente.

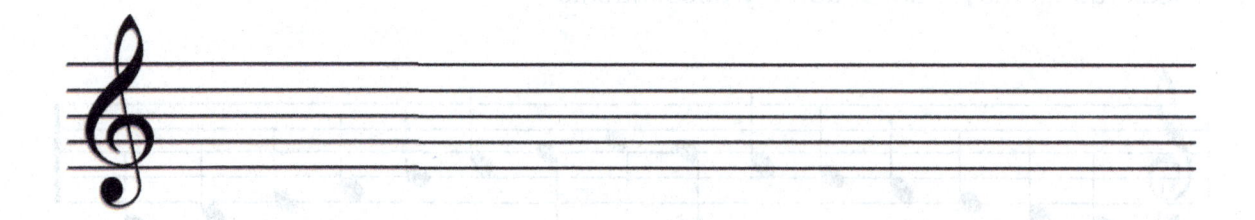

Escala de **la** menor armónica presenta el **sol** alterado de forma accidental es decir no está el sostenido ubicado después de la clave, y es la relativa menor de **do** mayor, o sea cada escala mayor tiene otra correspondiente que se saca a partir de la tonalidad mayor, contando tres notas en forma descendente, ejemplo **d**o, si, la, entonces **la** es la tercera de **do** de forma descendente y esta es su relativa.

Escala de **mi** menor armónica o natural presenta alterado de forma accidental la nota fa. Esta escala es la relativa menor de sol mayor.

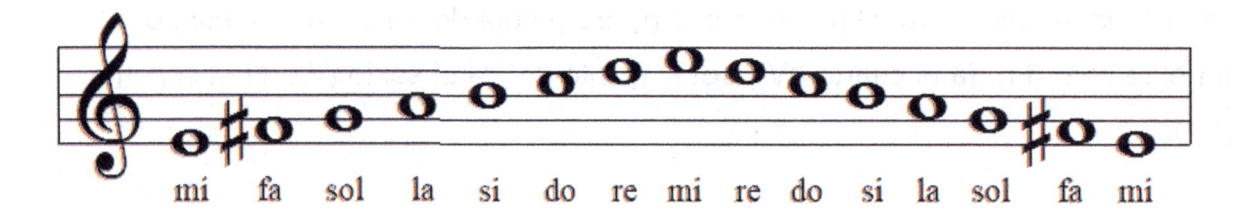

mi  fa  sol  la  si  do  re  mi  re  do  si  la  sol  fa  mi

### Actividad en clases

1. Teniendo en cuenta las escalas estudiadas en clase construye la escala de **do** mayor, **la** menor y **mi** menor de forma ascendente y descendente. Recuerda ubicar las alteraciones accidentales en el caso que la lleven.
2. Coloque en número romano el grado de cada escala.

Escala de do mayor

Escala de la menor

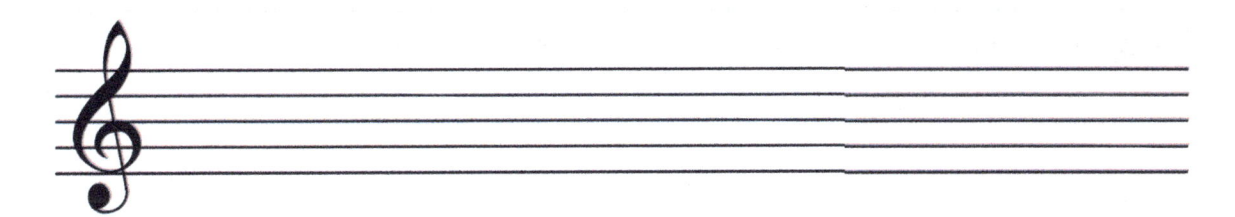

Escala de mi menor

**Curiosidades**

Sabías que las escalas musicales desempeñan un papel muy importante para lograr destreza en la interpretación de un instrumento, mediante las mismas se alcanzan límites técnicos que nos permiten tocar melodías de gran complejidad.

## Lección 7: La escala musical en clave de sol

**Objetivo:** Entona las escalas musicales en clave de sol.

### Actividad práctica

**Sugerencias:** Para lograr una buena entonación en las escalas musicales, es preciso que el docente se apoye del instrumento.

1. Entone con su voz la escala musical de do mayor. Interprétela al instrumento.

2. Entone con su voz la escala musical de la menor. Interprétela al instrumento

3. Entone con su voz la escala musical de mi menor. Interprétela al instrumento

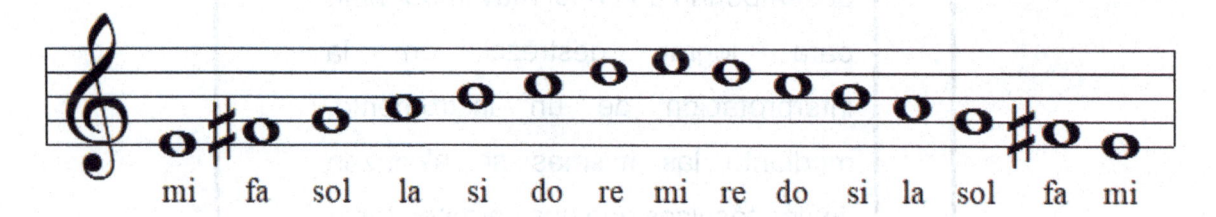

mi  fa  sol  la  si  do  re  mi  re  do  si  la  sol  fa  mi

**Trabajo para el hogar**

1. Observe las siguientes escalas y coloque en cada línea, el nombre de las notas que ocupan cada grado. Escriba el nombre de cada escala.

1. Grado III _____
2. Grado V _____
3. Grado IV _____
4. Grado VII _____
5. Grado I _____
6. Grado II _____
7. Grado VI _____
8. Grado VIII _____

1. Grado III _____
2. Grado V _____
3. Grado IV _____
4. Grado VII _____
5. Grado I _____
6. Grado II _____
7. Grado VI _____
8. Grado VIII _____

mi  fa  sol  la  si  do  re  mi  re  do  si  la  sol  fa  mi

1. Grado III _____
2. Grado V _____
3. Grado IV _____
4. Grado VII _____
5. Grado I _____
6. Grado II _____
7. Grado VI _____
8. Grado VIII _____

## Lección 8: La escala musical en clave de fa en cuarta línea

**Objetivo**: Construye las escalas de en clave de fa en cuarta línea.

En la clave de fa se colocan también las notas sucesivas formando las diferentes escalas.

La escala de do mayor en esta clave es la misma que estudiaste en clave de sol, solo que cambia la posición de la nota. En este caso el segundo do va ubicado en la línea adicional superior.

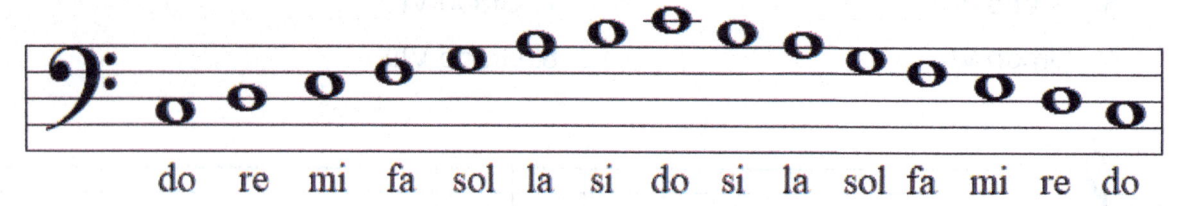

do re mi fa sol la si do si la sol fa mi re do

La escala de la menor por ser la relativa de do mayor tampoco tiene alteraciones propias solamente una accidental que es sol sostenido.

la si do re mi fa sol la sol fa mi re do si la

La escala de mi menor en clave de fa en cuarta línea como puede observar presenta la nota do, re y mi ubicadas en líneas adicionales superiores.

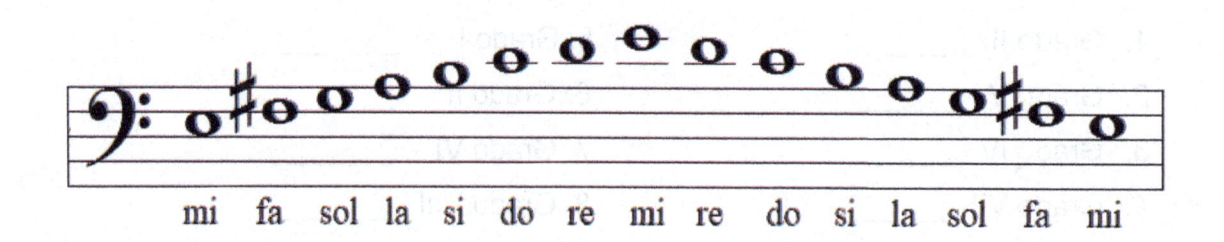

mi fa sol la si do re mi re do si la sol fa mi

**Actividad en clases**

1. Teniendo en cuenta las escalas estudiadas en clase construya la escala de do mayor, la menor y mi menor de forma ascendente y descendente en clave de fa en cuarta línea. Recuerde ubicar las alteraciones accidentales en el caso que la lleven y las líneas adicionales.

2. Coloque en número romano el grado de cada escala.

Escala de do mayor

Escala de la menor

Escala de mi menor

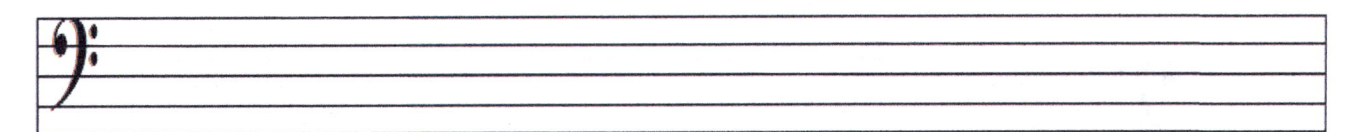

# Lección 9: La escala musical en clave de fa en cuarta línea

**Objetivo**: Construye las escalas de do, la y mi menor en clave de fa cuarta línea.

### Actividad práctica

1. Observe en cada caso las notas que aparecen en los pentagramas en clave de fa cuarta línea y ordénelas para formar las escalas de do mayor y mi menor. Coloque en la línea el nombre de la escala en cada caso.

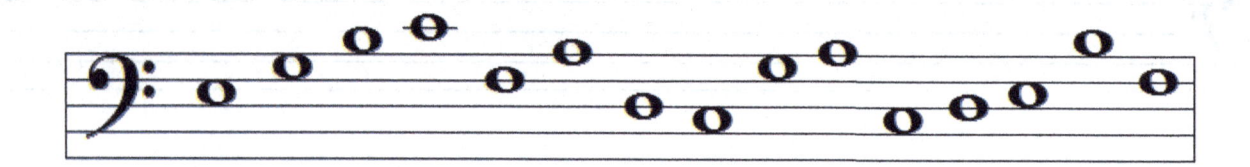

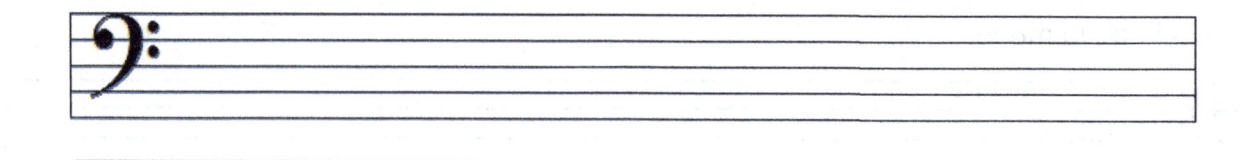

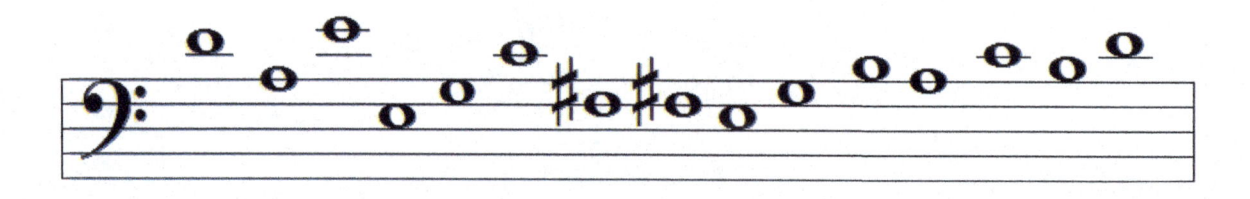

En este caso hay tres notas, dibuje las que faltan y teniendo en cuenta que el sol está alterado, ¿qué escala formarías? Escriba el nombre de la escala en la línea.

_____

Escriba con números romanos cada grado de la escala que ha confeccionado.

# Lección 10: La escala musical en clave de do

**Objetivo**: Construye las escalas de do mayor, mi y la menor en clave de do en tercera línea.

La clave de **do** en tercera línea se utiliza para instrumentos como viola, viola da gamba, mandola y a veces para trombón alto. La nota que se escribe en esa línea recibe el nombre de **do**, por lo tanto, la escala de **do** mayor comienza precisamente en tercera línea.

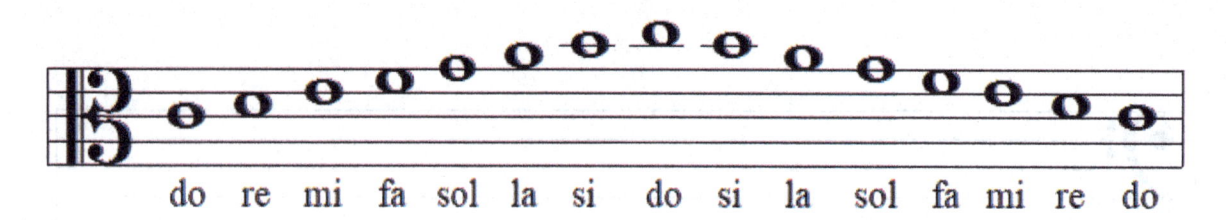

do  re  mi  fa  sol  la  si  do  si  la  sol  fa  mi  re  do

Escala de **do mayor**

Al igual que el resto de las escalas en otras claves la escala de **la** menor no lleva alteración propia sino accidental en la nota sol. Esta escala comienza en la segunda línea.

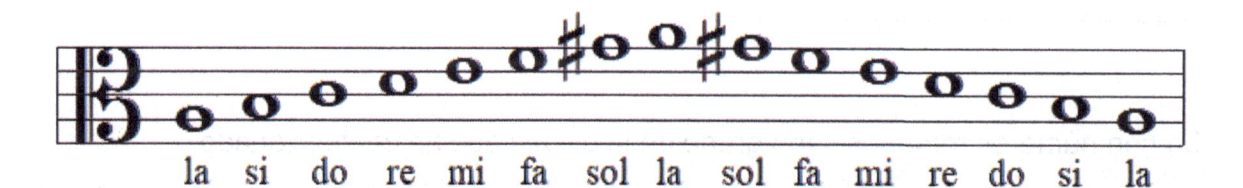

la  si  do  re  mi  fa  sol  la  sol  fa  mi  re  do  si  la

Escala de **la menor**

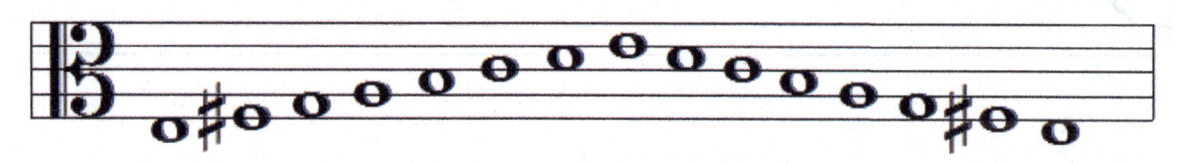

mi  fa  sol  la  si  do  re  mi  re  do  si  la  sol  fa  mi

Escala de **mi menor.**

# Lección 11: La escala musical en clave de do

**Objetivo**: Construye las escalas de do mayor, **mi** y **la** menor en clave de **do** en tercera línea.

### Actividad práctica

1. Observe las siguientes notas musicales en clave de **do** y confeccione la escala de **do** mayor y **la** menor. Escriba en cada caso el nombre de la escala.

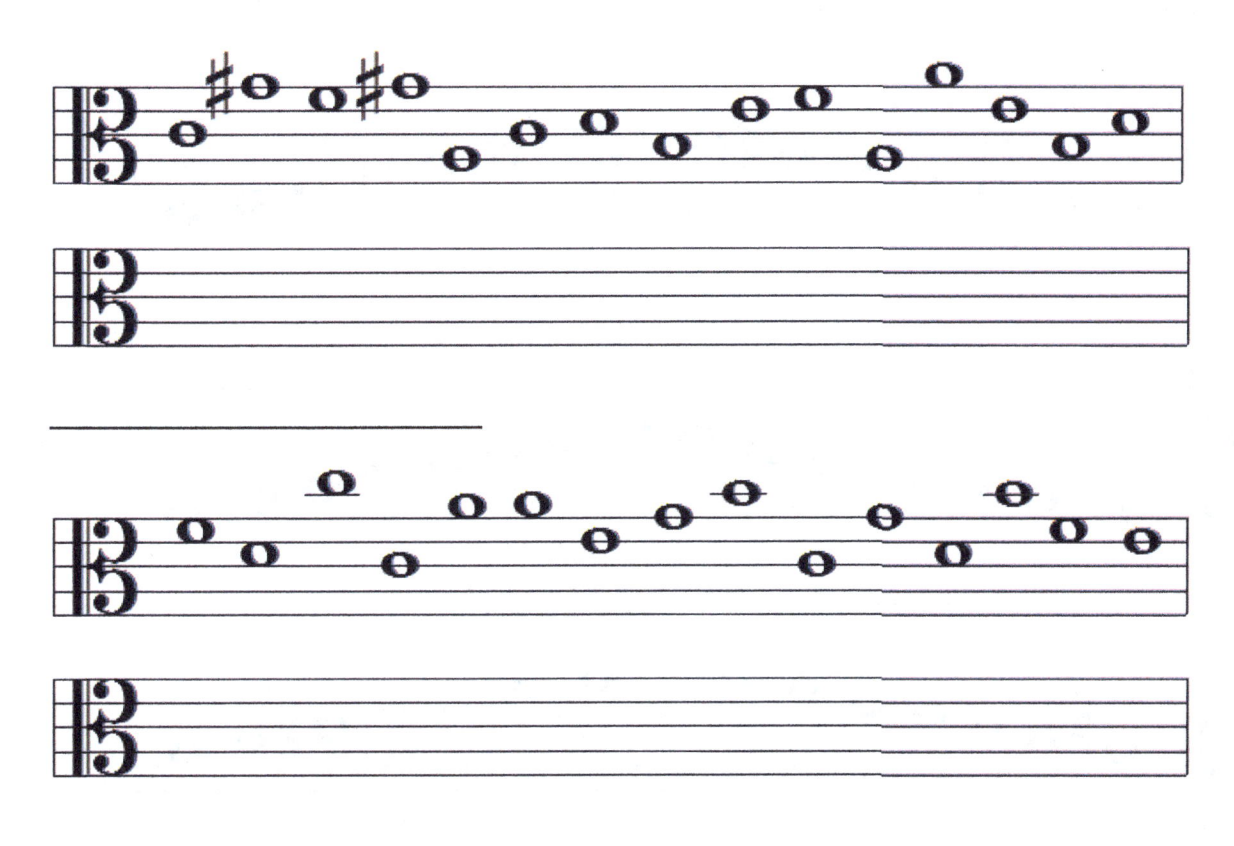

2. Dibuje las notas que faltan para confeccionar la escala de la menor.

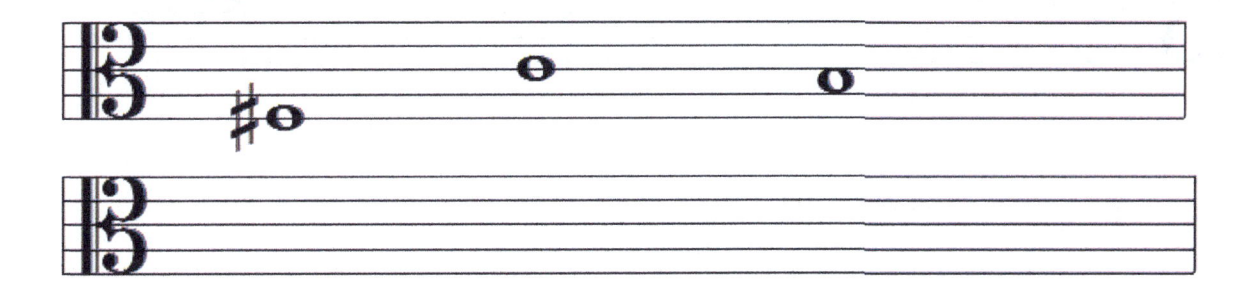

## Lección 12: Escalas musicales

**Objetivo**: Identifica cada una de las escalas en diferentes claves.

### Actividad práctica

1. Observe las escalas que aparecen a continuación y coloque en la línea, el nombre de cada una de ellas. Escriba con número romano los grados de la escala.

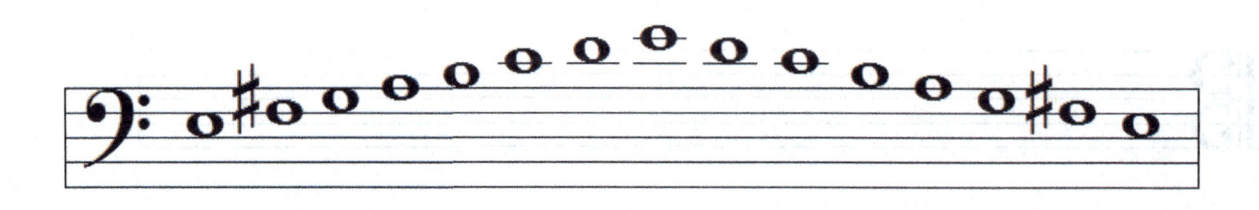

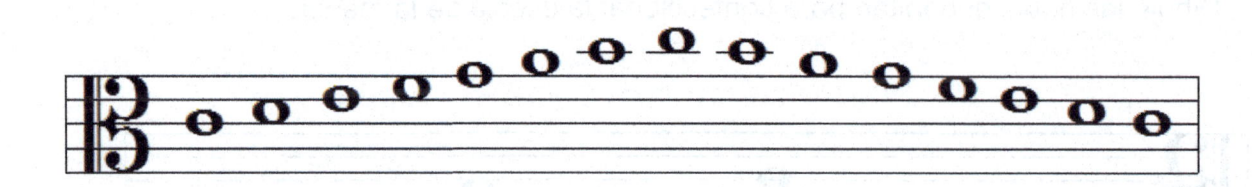

_____

_____

_____

_____

32

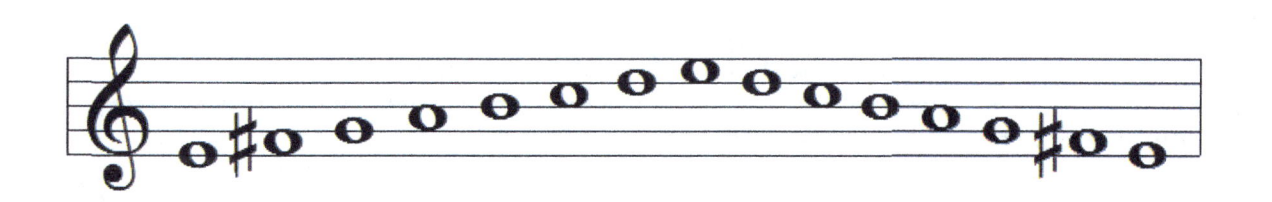

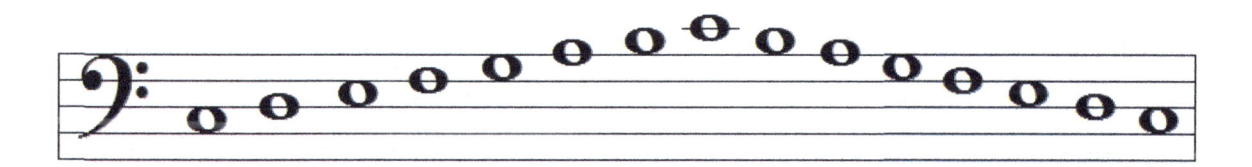

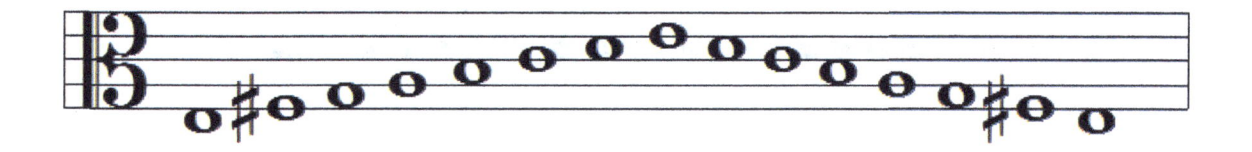

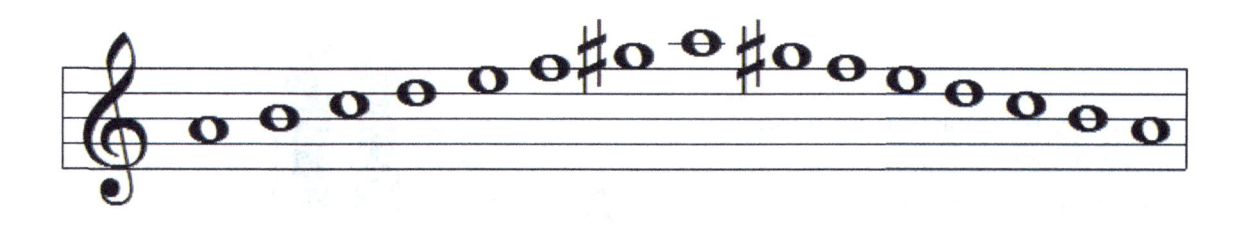

## Lección 13: Compás de 4/4

**Objetivo**: Practica el compás de 4/4

En grados anteriores estudiaste el compás de 4/4 este es simple, se marca a cuatro intervalos, la unidad de tiempo es la negra, la unidad de compás es la redonda pues llena el tiempo completo y la unidad de subdivisión es la corchea.

Este tipo de compás se clasifica en cuaternario, por los cuatro tiempos que presenta.

El primer pulso es fuerte, pero el tercero presenta una leve acentuación: tátatára- tátatára- tátatára

En el compás de 4 por 4 deben entrar:

El número de arriba o numerador indica la cantidad de figuras que van a entrar en cada compás o en cuantas partes se divide.

El número de abajo o denominador señala el tipo de figura.
Siempre el número cuatro va a representar la negra.

El compás de **4/4** se mide a cuatro pulsaciones la primera abajo, la segunda a la izquierda, el tercero a la derecha y el cuarto hacia arriba.

**Actividad en clases**

1. Complete los espacios en blanco con la figura que complete el compás.

# Lección 14: Compás de 4/4

**Objetivo**: Identifica los compases de 4/4

### 🎼 Actividad práctica

1. Observe los siguientes ejemplos e identifique marcando con una X cual pertenece al compás de 4/4.

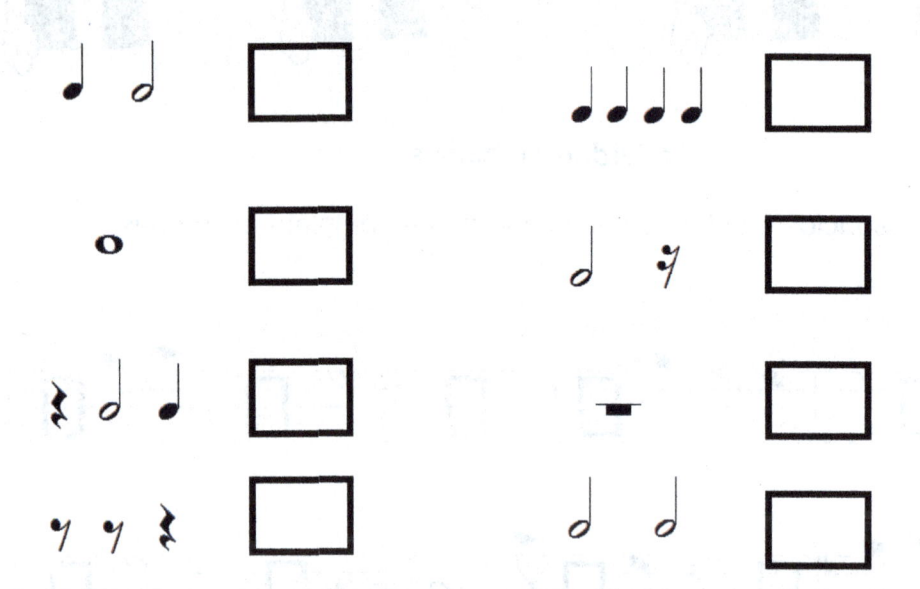

   ♩ 𝅗𝅥   ☐          ♩♩♩♩   ☐

   𝅝   ☐          𝅗𝅥 𝄾   ☐

   𝄽 𝅗𝅥 ♩   ☐          𝄻   ☐

   𝄾 𝄾 𝄽   ☐          𝅗𝅥 𝅗𝅥   ☐

2. Complete el siguiente mapa conceptual, dibujando en los espacios en blanco la respuesta correcta.

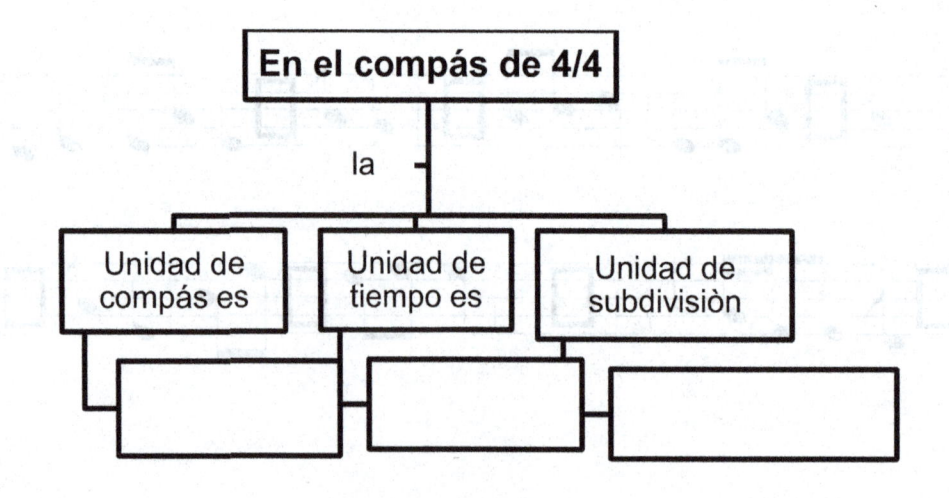

```
          En el compás de 4/4
                 |
                 la
      ┌──────────┼──────────┐
  Unidad de   Unidad de   Unidad de
  compás es   tiempo es   subdivisiòn
  ┌──────┐   ┌──────┐   ┌──────────┐
  │      │   │      │   │          │
  └──────┘   └──────┘   └──────────┘
```

35

## Lección 15: Compás de 4/4

**Objetivo**: Practica el compás de 4/4 en el Himno Nacional de Panamá.

**Sugerencias:** Se deben destinar dos clases para el contenido de esta clase.

El Himno Nacional de Panamá está escrito en compás de 4/4, teniendo en cuenta las figuras musicales que entran por cada intervalo y que en cada compás se efectúan 4 pulsaciones, dirija junto a compañeros bajo la orientación de su profesor(a), el tiempo de nuestro hermoso Himno Nacional.

### Himno Nacional de Panamá

# UNIDAD II

**Objetivo de Aprendizaje:** Valora la importancia de la música de España y la influencia que ha dejado en nuestra música actual diferenciando los distintos períodos musicales.

• Pondera y aprecia diversas obras musicales que han sido destacadas.

**La cultura musical**
- La música de la antigüedad
- Las características: Rítmicas, monódica, pentatónica, religiosa o mágica, instrumentos predominantes.

**El aporte cultural de los pueblos de mayor desarrollo musical.**

**La música en España y su influencia en América**
- Sus instrumentos
- Sus cantos

**Grandes Periodos de la Música y sus compositores más notables.**
- Período Barroco
- Período Clásico
- Período Romántico
- Período Impresionista

# Competencias

## Comunicativa:

- ❖ Desarrolla el hábito de la lectura para el enriquecimiento personal, cultural y profesional.

## Tratamiento de la información y competencia digital:

- ❖ Utiliza herramientas de informática para procesar y analizar información de diversas fuentes incorporando elementos que refuercen su desempeño.

## Cultural y artística:

- ❖ Expresa las ideas, experiencias o sentimientos mediante diferentes medios artísticos tales como la música.
- ❖ Valora la libertad de expresión, el derecho a la diversidad cultural, la importancia del diálogo intercultural y la realización de las experiencias artísticas compartidas.

## Aprender a aprender:

- ❖ Describe aspectos relevantes referidos a la evolución histórica artística y cultural de los pueblos.

## Autonomía e iniciativa personal:

- ❖ Practica la solidaridad y la democracia como forma de vida.

# Indicadores de logro

- ❖ Describe y clasifica las características de la música antigua y sus aportes comparándola con la actual, de forma completa.

- ❖ Categoriza críticamente los aportes culturales de los pueblos antiguos de mayor desarrollo musical.

- ❖ Juzga apropiadamente la influencia de la música española en América.

- ❖ Enumera de forma concisa los aportes de la música de España en nuestra cultura.

- ❖ Contrasta en qué se destaca cada periodo de la música, tomando en cuenta sus características.

- ❖ Enumera y distingue las características sobresalientes de cada periodo musical y los compositores que sobresalieron en cada uno con claridad.

# Contenido

### Conceptuales

- ❖ La Cultura Musical. La música de la Antigüedad. Las características: rítmica, monódica, pentatónica, religiosa o mágica, instrumentos predominantes.
- ❖ El aporte cultural de los pueblos de mayor desarrollo musical.
- ❖ La música de España y su influencia en América.
- ❖ Grandes Periodos de la Música y sus compositores más notables. Periodo Barroco. Período Clásico. Periodo Romántico. Periodo Impresionista.

### Procedimentales

- ❖ Diferenciación de las características de la música de la antigüedad.
- ❖ Identificación de los aportes culturales que nos legaron los pueblos de mayor desarrollo musical y los instrumentos que los diferencian.
- ❖ Explicación de la música española y su influencia en América en cuanto a sus instrumentos y sus cantos.
- ❖ Descripción de los grandes periodos de la música y los compositores más notables en cada uno.

### Actitudinales

Interés por conocer la música de la antigüedad en cuanto a las características sobresalientes y sus instrumentos.

Valorización de los aportes culturales que nos han dejado los pueblos que obtuvieron un mayor desarrollo musical.

Valoración de la música de España y la manera como ésta ha influido en América.

Valoración de lo grandioso que fueron los grandes periodos musicales por medio de los compositores que en cada uno sobresalieron

# Lección 16: La cultura musical. La música de la antigüedad

**Objetivo**: Menciona las características de la música de la antigüedad.

La edad antigua se inicia aproximadamente en el año 5000 a.C y finaliza en el año 476 d.C con la caída del imperio Romano de occidente. Esta etapa de la historia dejó huellas en el arte que se manifiestan en la actualidad en todas las manifestaciones culturales.

Entre las características de la cultura musical de la antigüedad, se destaca el **ritmo**, este presentaba combinaciones de sonidos largos y cortos que eran utilizados en las danzas para mover sus cuerpos.

Otra de las características de este período en la música era la textura **Monódica**, esta consistía en la interpretación de una voz independientemente que existieran varios cantantes e instrumentos, o sea era una sola melodía y al unísono para todos, esto se evidencia en los cantos gregorianos.

La escala **pentatónica** es otro legado de la música de la antigüedad, el prefijo penta significa cinco, por lo tanto, esta escala tenía solamente cinco sonidos y el sufijo tónica quiere decir tono. La pentatónica es una de las escalas más antiguas y además muy utilizadas en el mundo de la música. Su melodía es tranquila y libre a la improvisación.

La música de la antigüedad era utilizada en varios ritos **religiosos** destinados a sus dioses, se creían que la música tenía poderes mágicos o encantadores de origen divino, mediante la cual obtenían sus triunfos, cultivos con calidad, curaciones, además de influir en el estado espiritual de las personas. Por otra parte, era empleada de una forma mística en sucesos que para ellos no tenían explicación por ejemplo el sol, la luna, la lluvia, el trueno y el viento.

Los instrumentos que predominaron en la música de la antigüedad fueron los de percusión y de viento, con el de cursar del tiempo se integraron los de cuerda.

Instrumentos utilizados en la música de la antigüedad:

**Lira**, es un instrumento de cuerdas llamado también arpa de mano, se interpreta con las dos manos, aunque algunos utilizan una púa. Utilizada en el antigua Grecia y Roma. Puede tener de 3 a 12 cuerdas, aunque había hasta de 18 cuerdas. Presenta una caja de resonancia, y dos brazos salientes, que están unidos en la parte superior por un travesaño. Tiene forma de abanico.

**Aulos**, instrumento de viento formado por dos tubos, fue utilizado por los griegos y romanos antiguos, estos últimos lo llamaban **tibia.** Era fabricado de caña, huesos, marfil, arbustos. Poseían 5 agujeros.

**Salpinx** un instrumento de viento, trompeta de metal que era utilizado para dar órdenes y señales.

La **cítara** es un instrumento de 20 a 30 cuerdas, parecido a la lira, se sostiene con las piernas y se interpreta con las dos manos, haciendo punteo con los dedos o con una púa.

**Flauta de pan**, instrumento de viento compuesto por varios tubos huecos y con diferentes longitudes, colocados en filas y se soplan desde arriba.

**Tympanum** instrumento de percusión que en muchas ocaciones era interpretado por mujeres. Consistía en un marco en forma circular madera o de metal, cubierto en la parte superior por una membrana de piel, y en los costados presentaba decoraciones.

**Crótalos o chinchines**, considerados los instrumentos de percusión más pequeños y antiguos que existen. Constan de dos platillos pequeños de bronce y presentan dos tirillas de cueros que se anudan a los dedos pulgar y medio. Los primeros eran de madera similar a las castañuelas.

**Sistro** instrumento de percusión utilizado en la música antigua por los egipcios, griegos y romanos, tiene forma de "U" o herradura cerrada, con un marco de bronce, un mango largo y de dos a tres varillas de metal ubicadas en forma transversal a las que van ensartadas varias laminillas o platillos que al agitarse producen sonido.

**Actividad en clases**

1. Resuelva la siguiente sopa de letras identificando las características e instrumentos de la música en la antigüedad.

   a. Cadencia utilizada en las danzas para mover el cuerpo _____.
   b. Interpretación de una sola melodía _____.
   c. Escala formada por cinco sonidos _____.
   d. Instrumento de viento formado por tubos huecos _____.
   e. Instrumento de cuerdas llamado también arpa de mano _____.
   f. Instrumento de percusión con forma circular _____.
   g. Instrumento de viento formado por dos tubos _____.
   h. Instrumento de percusión más pequeño y antiguo _____.
   i. Instrumento de percusión en forma de U cerrada _____.
   j. Instrumento que puede tener de 20 a 30 cuerdas _____.
   k. Ritos musicales destinados a los dioses _____.
   l. Instrumento de viento que era utilizado para dar órdenes _____.

| T | I | C | A | D | E | M | A | R | U | M |
|---|---|---|---|---|---|---|---|---|---|---|
| Y | I | R | I | T | M | O | R | E | M | U |
| M | O | T | A | G | O | N | U | L | E | Y |
| P | E | N | T | A | T | O | N | I | C | A |
| A | U | L | O | S | A | D | A | G | í | E |
| N | A | J | I | D | F | I | M | I | T | U |
| U | T | A | E | V | U | C | A | O | A | F |
| M | O | P | L | I | R | A | H | S | R | R |
| C | R | O | T | A | L | O | S | O | A | O |
| A | G | S | I | S | A | L | P | I | N | X |
| F | L | A | U | T | A | D | E | P | A | N |

## Curiosidades

Sabías que el rey David el personaje de la Biblia en el antiguo testamento, tocaba la lira para tranquilizar a Saúl y que el espíritu malo se apartara de él.

## Trabajo en competencias

**Actividad individual.**

Construcción del crótalos o chinchines.

Materiales:

Dos latas de soda o refresco, tijera grande (que corten bien o pinza), guantes (para tu protección, clavo, martillo, cordón de elástico.

Procedimientos:

1. Lave bien las latas para evitar que estén pegajosas y colóquelas boca abajo para que sequen.
2. Corte las latas con la tijera o el alicate a una distancia aproximada de 1, 5 centímetro de la superficie.
3. Con la pinza o alicate meta los bordes de las latas hacia dentro.
4. Con el clavo y la ayuda del martillo, perfore las latas en el centro (trate de medir el diámetro de las mismas para que el agujero de ambas quede centrado.
5. Ya listo el instrumento puede ejecutarlo haciendo coincidir cada platillo en el centro o de arriba abajo o de abajo arroba.

# Lección 17: La cultura musical. La música de la antigüedad

**Objetivo**: Confecciona un cuadro con las características de la música en la antigüedad.

### Actividad práctica

1. Completa el siguiente cuadro con las características de la música en la antigüedad. Escriba el nombre de los instrumentos más sobresalientes.

| Características de la música en la antigüedad ||
|---|---|
| Ritmo | |
| Textura monódica | |
| Escala pentatónica | |
| Religiosa o mágica | |
| Instrumentos predominantes. | |

## Lección 18: Aporte cultural de los pueblos de mayor desarrollo musical.

> **Objetivo**: Identifica mediante sopa de letras los instrumentos utilizados por los pueblos de mayor desarrollo musical.

Durante la historia muchos pueblos se han destacado por su desarrollo musical y estos a su vez nos han dejado sus aportes culturales que han constituido la base para el nacimiento y desarrollo de la cultura universal.

Entre los pueblos de mayor desarrollo musical se destacan, los griegos, egipcios, chinos e indios.

Los **griegos** nos dejaron el legado en campos como la arquitectura, escultura, ciencias, literatura, filosofía, En la actualidad son admiradas sus obras arquitectónicas y escultóricas tales como Acrópolis, Partenón de Atena, Erecteón y el teatro Dionisio. En las matemáticas nos dejaron los teoremas de Pitágoras, en la física el principio de Arquímedes, en la medicina los aportes de Hipócrates basados en las manifestaciones de las enfermedades, crearon y desarrollaron géneros literarios tales como las primeras mitologías e historia, la épica, la fábula, la comedia, el teatro musical y la poesía, en la filosofía constituyeron la base del surgimiento y desarrollo del pensamiento occidental tales como las relaciones humanas y el medio ambiente, los primeros en llevar a cabo juegos olímpicos fueron los griegos dejándoles al mundo esta herencia.

Los instrumentos musicales utilizados por los griegos fueron: Aulós, lira, cítara, chelys, kithara, flauta de pan, pandereta, órgano hidráulico (hydraulis), trompeta.

En el caso de los **egipcios** realizaron sus aportes a las matemáticas, aritmética, geometría, pues estos utilizaban un sistema que, aunque limitado permitía trabajar con fracciones y raíces cuadradas y calcular el área de un círculo o volumen de un cilindro para medir sus terrenos dejándonos de esta forma el tratado matemático más antiguo que existe, el Papiro de Ahmes o Rhind; en la arquitectura nos dejaron sus majestuosas pirámides que eran tumbas de faraones. Los egipcios eran capaces de pronosticar fenómenos astronómicos tales como eclipses lunares y solares, los movimientos de los planetas, en base a esto crearon su calendario que constituye la base del que utilizamos en la actualidad, el gregoriano, además fueron los que les pusieron nombre a las estrellas; en la literatura dejaron el legado de textos de astronomía, cocina y metalurgia. En la medicina aportaron los analgésicos pues utilizaban plantas como por ejemplo el lirio de agua para extraer de ellas los narcóticos, fueron además los primeros en descubrir las propiedades antibióticas de algunos mohos del pan, y su contribución más importante en este campo fue la confección de instrumentos quirúrgicos para el tratamiento de quistes, fracturas, técnicas de colocación de prótesis. Contribuyeron también a la agricultura pues fueron los primeros en crear canales que conducían el agua hacia los cultivos, también fueron los primeros en utilizar la música como tratamiento de algunas enfermedades a modo de relajación.

Los instrumentos musicales utilizados por los egipcios fueron: el sistro, flauta recta, arpa y chirimía doble.

La civilización **China** nos ha dejado sus grandes aportes culturales que han sido muy útiles hasta nuestros días, entre ellos encontramos, el papel que era elaborado de tiras de madera o de algas marinas, la tinta, la impresión, la brújula para orientarnos, la seda que fabricaban del gusano y con esta confeccionaban ropas, el ábaco para contar, acupuntura que se utiliza en la actualidad para el tratamiento del dolor, la cometa que es el juguete para niños aunque fue creada con otro propósito, el sismógrafo aparato utilizado en estos días para medir la amplitud, duración y hora de los sismo, la porcelana, el arado y la pólvora.

Los instrumentos musicales más representativos que se utilizaron en **China** fueron: Xiao, Sheng, Gu, Luó o gong.

La **India** constituye también otros de los pueblos de mayor desarrollo musical de ellos hemos heredado grandes aportes culturales, a esta civilización le debemos el sistema decimal y los números arábicos que tanto se utilizan por lo tanto los hindú nos enseñaron a contar, analizaron y desarrollaron la correspondencia entre el valor de la circunferencia y el diámetro Pi, también le debemos el papel y tela de algodón. Nos dejaron la técnica de esterilización, su medicina tradicional a base de hierbas; en el campo de la lingüística se considera que los idiomas europeos como el griego, el latín y persa, nacieron en la India pues tienen similitud con los dialectos de este país.

En el plano artístico nos han dejado una belleza de monumento llamado Taj Mahal que consiste en un complejo de edificios, la ciudad Rosa de Jaipur con Palacios de los vientos, que resulta impresionante a cada turista.

La India utilizó instrumentos como el tambor tabla, mridangam, el shruti box, nadaswaram, shehnai, bansuri, la tambura o laúd, el sitar, veena, sarangui.

**Actividad en clases**

1. Encuentra en la siguiente sopa de letras algunos de los instrumentos utilizados por los griegos, egipcios, chinos e indios. Utilice un color diferente para cada país.

| P | A | R | A | N | G | U | I | K | F | B |
|---|---|---|---|---|---|---|---|---|---|---|
| N | P | S | H | E | N | G | S | I | L | A |
| A | A | U | L | O | S | A | L | T | A | N |
| D | N | C | I | T | A | R | A | H | U | S |
| A | D | H | R | V | E | E | N | A | T | U |
| S | E | E | A | R | P | A | E | R | A | R |
| W | R | L | S | I | T | A | R | A | D | I |
| A | E | Y | X | B | O | X | U | T | E | M |
| R | T | S | I | S | T | R | O | E | P | E |
| A | A | G | A | S | H | E | H | N | A | I |
| M | L | U | O | L | U | D | I | O | N | L |
| F | L | A | U | T | A | R | E | C | T | A |
| M | R | I | D | A | N | G | A | R | M | L |

Instrumentos de los griegos:

Instrumentos de los egipcios:

Instrumentos de los chinos:

Instrumentos de los indios:

# Lección 19: Aporte cultural de los pueblos de mayor desarrollo musical

**Objetivo**: Reconoce mediante lectura los aportes culturales de los pueblos de mayor desarrollo musical.

### Actividad práctica

1. Basándose en la lectura de la lección anterior, reconozca y complete el cuadro con los aportes culturales de cada pueblo con mayor desarrollo musical, escriba el nombre de cada uno de los instrumentos utilizados por los mismos.

| Pueblos de mayor desarrollo musical | Aporte cultural | Instrumentos utilizados |
|---|---|---|
| Griegos | | |
| Egipcios | | |
| Chinos | | |
| Indios | | |

## Lección 20: Aporte cultural de los pueblos de mayor desarrollo musical

**Objetivo**: Identifica, los aportes culturales de los pueblos de mayor desarrollo musical en crucigrama.

### Actividad práctica

1. Identifique en el siguiente crucigrama los aportes culturales e instrumentos utilizados por los pueblos de mayor desarrollo cultural.

## Horizontales

1. Instrumento musical utilizado por la India.
3. Instrumento musical utilizado por la India.
5. Instrumento musical utilizado por los griegos.
7. Aporte de China utilizado para medir los sismos.
10. Teorema matemático aportado por los griegos.
11. Aparato inventado por China que es utilizado para orientar a las embarcaciones.
12. País que nos legó el tratado matemático más antiguos el Papiro de Rhind.
13. País de desarrollo musical que aportó el sistema decimal y los números arábicos.
15. País donde se realizó por primera vez los juegos olímpicos.
16. Fue creado por los chinos para contar.
18. Técnica procedente de India aplicada en la medicina.
20. Monumento artístico heredado de la India.
21. País que nos dejó de aporte la tela de algodón.

## Verticales

2. Principio físico legado por los griegos.
4. País que aportó a la medicina los analgésicos.
6. Género literario creado por los griegos.
8. Instrumento musical utilizado por los egipcios.
9. Técnica heredada de China para el tratamiento del dolor.
14. Género literario creado por los griegos.
17. Instrumento musical utilizado por la India.
19. Instrumento musical utilizado por la India.

## Trabajo en competencias

**Actividad grupal.**

**Confección de mural cultural.**

1. Conformarán cuatro equipos, cada uno escogerá un pueblo de mayor desarrollo musical y buscarán figuras, fotos, de cada uno de los aportes culturales, así como de los instrumentos utilizados por los mismos.
2. Decorarán el mural y ubicarán en el mismo los nombres de los países en letras grandes e irán ubicando las figuras, fotos y los escritos de los aportes culturales e instrumentos, de ser preciso se sugiere como iniciativa el mapa de cada país.

## Curiosidades

Sabías que para los griegos la música tenía un gran valor tanto educativo como moral. Por otra parte, deseo que conozcas que el primer instrumento musical griego fue la lira.

# Lección 21: La música de España y su influencia en América

**Objetivo**: Analiza la influencia de España en América en cuento a instrumentos y cantos.

Con la llegada de los españoles a América se produjo un cambio en la civilización de todos los países latinos que fueron colonizados por la hispanidad, ocurrió una transculturación que perdura hasta nuestros días, o sea una mezcla en la que se integraron las culturas autóctonas con la española teniendo cada país de América su identidad cultural.

A medida que los españoles iban colonizando expandían sus cantos, instrumentos, artes, religión y costumbres en general, así de esta forma fueron transmitiendo a los nativos sus conocimientos.

Muchos fueron los aportes de la música de España a América, de ellos heredamos instrumentos como chirimía parecida al oboe pero con doble lengüeta, las trompas (corno francés), pífanos o flautas, sacabuche que es el antepasado del trombón, el bajón o dulcían de viento madera y ancestro del fagot, orlos, cornetas, rabel (antepasado del violín), violas, violín, el laúd, arpas, la guitarra española, el charango, los atabales como el tesauro y davul ambos tambores de percusión menor, castañuelas, panderetas. Por otra parte, nos aportaron sus cantos litúrgicos, música religiosa como el motote, la misa, los villancicos, coplas, cantos de cuna. Introdujeron una escala musical más amplia con 7 notas que resultaba ser con un sonido más agradable, sencillo y gracioso que la de 5 notas utilizada por los indígenas. En cuanto a los ritmos compases musicales introdujeron los fundamentalmente los escritos en (6/8) que en la actualidad son denominados sudamericanos pues se esparcieron en todo Sudamérica ejemplo de ellos tenemos la marinera peruana, la cueca chilena, zamba argentina, polca paraguaya.

Nuestra cultura panameña le debe a la música de España muchos de nuestros pasos en los bailes además de nuestros géneros musicales tales como el Punto uno más elegantes y bello del folklore, también la Mejorana, la Décima.

Muchos de los instrumentos que utilizamos en nuestro folklore son de procedencia española.

### Instrumentos musicales traídos por los españoles a América

| chirimía | pífanos o flauta | sacabuche |
|---|---|---|
| bajón o dulcían (antepasado del fagot) | orlos | trompeta |
| cornetto | trompa | tesauro |
| davul | guitarra española | rabel |
| viola | laúd | violín |
| charango | arpa | castañuelas |
| panderetas | órgano | salterio |

55

## Actividad en clases

1. Observe en el cuadro anterior los instrumentos traídos por los españoles a América y seleccione los que utilizamos en nuestra música panameña. Escriba sus nombres.

_____
_____
_____
_____
_____.

## Actividad en individual

Investigue mediante diferentes fuentes cuales países de América fueron colonizados por los españoles y escriba el nombre de los instrumentos musicales de origen español que estos utilizan en su cultura.

## Actividad en equipo

Construcción de algunos instrumentos traídos por los españoles a América

**Sugerencias**: Utilizar material reciclable. Apoyarse en las tutorías del canal You Tube. Si lo desean pueden escoger cualquier otro instrumento del cuadro.

1. El grupo de clases formará 4 equipos y se distribuirán la confección de los siguientes instrumentos:

a. Castañuelas.

b. Panderetas.

c. Flauta.

d. Tesauro

# Lección 22: La música de España y su influencia en América

**Objetivo**: Analiza la influencia de España en América en cuento instrumentos y cantos.

### Actividad práctica

1. Identifique en la sopa de letras los instrumentos musicales traídos por los españoles a América, escriba sus nombres.

| C | A | S | T | A | Ñ | U | E | L | A | S | T |
|---|---|---|---|---|---|---|---|---|---|---|---|
| H | P | A | R | P | A | L | E | B | V | A | R |
| I | A | C | O | R | N | E | T | A | I | C | O |
| R | N | I | M | O | S | M | P | J | O | A | M |
| I | D | E | P | I | F | A | N | O | L | B | P |
| M | E | D | A | V | U | L | A | N | A | U | E |
| I | R | A | S | H | I | E | F | E | L | C | T |
| A | E | C | H | A | R | A | N | G | O | H | A |
| S | T | E | S | A | U | R | O | M | N | E | S |
| L | A | U | D | A | E | A | R | A | Y | E | A |
| T | S | A | I | T | D | B | L | K | A | D | L |
| V | I | O | L | I | N | E | O | A | I | O | T |
| A | R | T | O | U | F | L | S | A | Z | A | E |
| G | U | I | T | A | R | R | A | C | I | O | R |
| O | R | G | A | N | O | D | A | M | E | A | I |
| M | I | T | A | R | E | D | O | S | E | K | O |

_____

_____

_____

_____

_____

_____ .

2. Complete el siguiente cuadro relacionado con la influencia de la música española en América.

| La música de España y su influencia en América ||
|---|---|
| Tipos de cantos aportados. | |
| Característica de la escala musical traída por los españoles. | |
| Compás musical introducido. | |
| Géneros proporcionados a la cultura panameña. | |

## Trabajo en competencias

### Actividad individual

1. Confeccione la escala musical en do mayor con 7 notas.
   ¿Qué diferencia existe entre esta escala que elaboraste y la escala que utilizaban los indios antes de la llegada de los españoles?

### Actividad en equipo

2. Organizados en 4 equipos, presente una exposición oral, utilizando PowerPoint con videos, en la que expliquen las características de las coplas, cantos de cuna, villancicos, música religiosa para misa. Sus semejanzas y diferencias con nuestra música.

   Equipo 1: Coplas españolas

   Equipo 2: Cantos de Cuna

   Equipo 3: Villancicos

   Equipo 4: Música religiosa para misa.

# Lección 23: Períodos de la música

**Objetivo**: Menciona las características de los periodos de la música.

La música ha pasado por varios períodos importantes, el **Barroco**, **Clásico**, **Romántico** e **Impresionista**. Cada uno de ellos se ha caracterizado por tener un sello peculiar que ha influido en la música de nuestros días.

El período Barroco abarcó desde el siglo XVII hasta la primera mitad del XVIII (1600 a 1750). Una de las características del mismo es que se desarrolla la música instrumental y por ende se crean las orquestas, aparece la música dramática como la ópera y el oratorio además de la sonata y el concierto, se utiliza con frecuencia el adorno musical en las melodías y existe un predominio de las voces tanto agudas como graves.

El **período Barroco** tuvo tres etapas: **Barroco temprano**, caracterizado por la presencia de varios coros de voz e instrumentos a lo que se conoce como **policolaridad**, la monodia o la presencia de una sola voz en este caso la aguda y en esta misma etapa surge la ópera.

El **Barroco medio** se caracterizó por el esplendor de la música italiana y la aceptación de la ópera por todo Europa.

En el **Barroco tardío** se estableció la tonalidad, la ópera se espació destacándose un desarrollo de la música vocal.

Entre los compositores más representativos del Barroco se encuentran: Antonio Vivaldi, Johann Pachelbel, Henry Purcell, Domenico Scarlatti, Georg Friedrich Händel y Johann Sebastián Bach siendo estos dos últimos los más destacados, considerándose a Bach como el padre de este período.

Los instrumentos musicales más utilizados del Barroco fueron: la fídula, la viola de gamba, violín, viola, violoncello, flauta de pico o dulce, flauta travesara, el órgano, clavicémbalo, y la vihuela, fagot, oboe, trompetas, trombón, guitarra barroca, laúd barroco, timbales, sacabuche, tiorba.

**Período Clásico**: Abarca desde el año 1750 hasta aproximadamente 1820. Se desarrolló en Viena, Austria. Entre sus características se destacan una música poco emocionante, sencilla, equilibrada, natural, pero con un toque distinguido y brillante; sobresale la melodía con acompañamiento armónico de acordes, la orquesta sinfónica aumenta de tamaño específicamente la sección de viento en la que se incorpora el clarinete. La música instrumental supera la vocal. Desaparecen los excesivos adornos del barroco, nacen formas musicales como la sonata, sinfonía y concierto. Aparecen agrupaciones instrumentales: el cuarteto de cuerdas y orquesta clásica.

Sus principales exponentes fueron, el compositor austriaco Joseph Haydn conocido como el padre de la sinfonía, Wolfgang Amadeus Mozart también de nacionalidad austriaca y el alemán Ludwig van Beethoven considerado el último clásico y primer romántico.

Los instrumentos que nacieron en el clasicismo fueron el piano, el Arpeggione, y el clarinete.

El **período Romántico** comprende los años 1810 y la primera década 1910. Surgió paralelamente en Reino Unido y Alemania.

Entre las características del romanticismo se destacan:

Sus melodías son apasionadas, íntimas, con expresión y carácter, en las que se expresan sentimientos.

Se utiliza mucho el matiz dinámico obteniéndose contrastes que van desde el fuerte, piano(suave), creciendo, disminuyendo)

Hay un predominio de la música instrumental con relación a la vocal.

Se refuerzan e incorporan mayor número de instrumentos a la orquesta sinfónica como por ejemplo flautín, corno inglés, clarinete bajo, contrafagot, saxofón, tuba, el piano se convierte en el rey de los instrumentos convirtiéndose en el favorito, se rescata el arpa y la guitarra. En este período aparece la música programática.

Las principales formas musicales del romanticismo son: El preludio, bagatela, el estudio, impromptu, el vals, la fantasía, el nocturno y el lied.

Los principales compositores del romanticismo fueron: Félix Mendelssohn, Franz Schubert, Robert Schumann, Frederic Chopin, Franz Liszt.

Los instrumentos característicos del romanticismo son: piano, violín, clarinete, arpa, siendo el preferido el piano.

El **Impresionismo** es un movimiento caracterizado por la combinación de técnicas clásicas y modernas; nació en Francia a finales del siglo XIX y perduró hasta principios del XX (1875 a 1925). Transcendió los límites franceses y alcanzó gran auge en otros países de Europa precisamente en España.

Algunas características que se destacan en el Impresionismo son:

Los tiempos de los temas musicales son más libres tanto en el nivel armónico como en el ritmo, facilitándole al intérprete la facultad de darle una duración diferente a las notas según su conveniencia, con variaciones rítmicas perseverantes de tal modo que la pieza se podía transformar en algo diferente a lo creado por su autor. Las melodías no son tan extensas como las del romanticismo sino son fragmentadas.

La capacidad de **rubato** la aceleración y desaceleración del tiempo a gusto del intérprete bajo la **indicación** del autor típico de este período.

La peculiaridad que más se destaca en este período radica en la innovación de una música con nuevos acordes y timbres que tratan de revivir una atmósfera, el sonido del mar, del viento la lluvia, paisajes de la naturaleza, mediante una frase musical o la inspiración en un título.

Utilizan escalas de tonos enteros por ejemplo la hexatónica (formadas por 6 notas a distancia de un tono), la pentatónica, estas nunca se habían ejecutado.

Las principales formas musicales del impresionismo son: movimiento obertura, rondó, romanza, variaciones sinfónicas, poema sinfónico, suite, sonata o preludios. Dentro de los grandes compositores del impresionismo se destacan: Claude Debussy, Maurice Ravel, Isaac **Albéniz, Manuel de Falla, Erik Satie** y Paul **Dukas**. Los instrumentos más utilizados en el impresionismo son: violín, viola, violonchelo, contrabajo, piccolo, corno inglés, clarinete bajo, platos, castañuelas, piano.

**Actividad en clases**

1. Complete el siguiente cuadro relacionado con los períodos de la música.

| Período | Fechas que abarcó | País donde surgió | Características | Compositores sobresalientes |
|---|---|---|---|---|
| Barroco | | | | |
| Clásico | | | | |
| Romántico | | | | |
| Impresionista | | | | |

# Lección 24: Períodos de la música

**Objetivo**: Identifica las características de los períodos de la música y sus compositores.

### Actividad práctica

1. Escriba el nombre del período al cual pertenecen los siguientes compositores.

| Compositor | | Período |
|---|---|---|
| Maurice Ravel | ⟹ | |
| Félix Mendelssohn | ⟹ | |
| Henry Purcell | ⟹ | |
| Joseph Haydn | ⟹ | |
| Johann Pachelbel | ⟹ | |
| Claude Debussy | ⟹ | |
| Robert Schumann | ⟹ | |
| Domenico Scarlatti | ⟹ | |
| Wolfgang Amadeus Mozart | ⟹ | |

| Manuel de Falla | ⟹ | |
|---|---|---|

| Frederic Chopin | ⟹ | |
|---|---|---|

2. Relacione el período musical con las fechas utilizando líneas.

| Período Romántico |    | 1600-1750 |
|---|---|---|

| Período Barroco |    | 1750-1820 |
|---|---|---|

| Período Clásico |    | 1875 a 1925 |
|---|---|---|

| Período Impresionista |    | 1810-1910 |
|---|---|---|

3. Complete los espacios en blanco con la respuesta correcta:

1. Instrumento preferido por los compositores en el Romanticismo _____.

2. Compositor considerado el padre del período Barroco _____.

3. Compositor quien fue el último clásico y primer romántico _____.

4. Las tres etapas del Barroco fueron _____.

5. Período en el que se usan con frecuencia los adornos musicales _____.

6. Principales formas musicales del Impresionismo _____
_____.

7. En el período Clásico sobresale la melodía con _____
_____.

8. Las melodías del período Romántico se caracterizan por ser _____
_____.

9. Las melodías en el Impresionismo se caracterizan por ser _____.

10. Compositores destacados en el Romanticismo fueron_____
_____.

4. Busque en la siguiente sopa de letras las características que identifican cada período de la música.

| B | I | D | E | B | U | S | S | Y | B | A | R | H |
|---|---|---|---|---|---|---|---|---|---|---|---|---|
| A | P | A | S | I | O | N | A | D | A | S | U | A |
| R | O | M | Á | N | T | I | C | O | C | I | B | N |
| R | T | E | M | P | R | A | N | O | H | R | A | D |
| O | B | E | E | T | H | O | V | E | N | E | T | E |
| C | L | Á | S | I | C | O | V | A | L | S | O | L |
| O | F | R | A | N | Z | L | I | S | Z | T | S | I |
| I | M | P | R | E | S | I | O | N | I | S | M | O |

1. Período de la música en el que se utiliza con frecuencia el adorno _____
2. La música instrumental supera la vocal en el período _____
3. En el período Romántico las melodías son _____
4. Período en el que se combinan técnicas clásicas y modernas _____
5. La monodia es característica del Barroco _____
6. Músico destacado del período Barroco: _____

7. Compositor considerado el último Clásico y primer Romántico: _____
8. Período de la música que surgió a la misma vez en dos países, Reino Unido y Alemania _____
9. Considerado uno de los compositores más destacados del romanticismo
_____
10. Destacado compositor del Impresionismo_____
11. Una de las formas musicales del romanticismo _____
12. Compositor representante del período Barroco _____
13. Término musical utilizado en el Impresionismo para acelerar y desacelerar el tiempo_____.

# Trabajo en competencias

## Actividad en equipo

1. Organizados en 4 equipos de 5 integrantes desarrollarán la siguiente actividad:

a. Cada equipo seleccionará un período de la música diferente y expondrán las características del mismo.

b. De cada período escogerán dos compositores destacados.

c. Investigar la biografía de cada compositor elegido.

d. Buscar dos obras compuestas por cada uno de esos compositores y apoyarse con el tema musical, mencionar el título de la misma.

2. Confección de mural.

En base a la actividad 1, confeccionarán un mural, en el que deberán aparecer los períodos de la música en orden cronológico, sus características, fotografías de cada uno de los compositores y al menos una partitura de cada obra.

## Actividad individual

1. Investigar el nombre de obras musicales del período Barroco, Clásico y Romántico e Impresionismo que ha interpretado la orquesta sinfónica de Panamá.

2. Después de haber investigado escriba el nombre de los compositores de dichas obras.

# Lección 25: Período Barroco

**Objetivo**: Ejecuta al instrumento obra musical del período Barroco.

### Actividad práctica

1. Interprete al instrumento la siguiente obra del período barroco.

## Minuet en Sol (G) Mayor

Johann Sebastian Bach

# Lección 26: Período Clásico

**Objetivo**: Ejecuta al instrumento obra musical del período Clásico.

### Actividad práctica

1. Interprete al instrumento la siguiente obra del período clásico.

## Pequeña Serenata Nocturna

W. A. Mozart

## Lección 27: Período Romántico

**Objetivo**: Ejecuta al instrumento obra musical del período Romántico.

**Actividad práctica**

1. Interprete al instrumento la siguiente obra del período romántico cuyo compositor es Frank Schubert.

# Ave María

Schubert

# Lección 28: Período Impresionista

**Objetivo**: Ejecuta al instrumento obra musical del período Impresionista.

### Actividad práctica

2. Interprete al instrumento la siguiente obra del período impresionista.

## Clair de Lune

Claude Debussy

## Unidad III

**Objetivo de Aprendizaje**: Dispone de un marco de referencia interpretativo y de estrategia que permitan orientar la reflexión y práctica musical.

• Aplicación de las figuras musicales y sus silencios en las líneas del pentagrama, categorizándolas por su valor en tiempo.

Práctica vocal y/o Instrumental
- Práctica vocal
- Piezas corales a una, dos y tres voces
- Práctica instrumental de Melodías en los registros graves y agudos.

Apreciación Musical
- Obras folclóricas y eruditas del repertorio nacional e internacional.

# Competencia

### Competencia: Social y ciudadana

- ❖ Manifiesta responsablemente, su identidad regional y nacional mediante la demostración de valores morales, éticos, cívicos y elementos socioculturales, artísticos que le permiten fortalecer el ser social.

### Competencia: Cultural y artística

- ❖ Expresa las ideas, experiencias o sentimientos mediante diferentes medios artísticos tales como la música, que le permiten interaccionar mejor con la sociedad.

- ❖ Valora la libertad de expresión, el derecho a la diversidad cultural, la importancia del diálogo intercultural y la realización de las experiencias artísticas compartidas.

- ❖ Reconoce la pluriculturalidad del mundo y respeta los diversos lenguajes artísticos.

- ❖ Exhibe el talento artístico en el canto y la danza folclórica y lo utiliza como herramienta de sensibilización social.

- ❖ Posee capacidad creativa para proyectar situaciones, conceptos y sentimientos por medio del arte escénico y música.

### Competencia: Aprender a aprender

- ❖ Pone en funcionamiento la iniciativa la imaginación y la creatividad para expresarse mediante códigos artísticos.

## Indicadores de logro

- ❖ Organiza coro vocal en conjunto con sus compañeros en donde realiza interpretaciones vocales de piezas corales a una, dos y tres voces.

- ❖ Interpreta en grupos coordinadamente melodías en registros graves y agudos.

- ❖ Expone sobre la vida de un compositor musical internacional o nacional.

- ❖ Explica la importancia de las obras musicales en el nivel internacional y nacional.

# Contenidos

**Conceptuales:**

- Práctica vocal. Piezas corales a una, dos y tres voces. Práctica instrumental de melodías en los registros graves y Agudos.

- Obras folclóricas y eruditas del repertorio nacional e internacional.

**Procedimentales:**

- Interpretación, mediante la práctica vocal, diversas piezas a una, dos y tres voces.

- Interpretación instrumental de melodías en los registros graves y agudos.

- Audición de obras folclóricas y eruditas del amplio repertorio nacional e internacional.

**Actitudinales:**

- Disposición en participar en coros en donde se interpretan melodías a una, dos y tres voces.

- Valoración de músicas producidas con varios instrumentos. (flautas otros).

- Valoración, de obras musicales folklóricas y eruditas del repertorio nacional e internacional, enriqueciendo su acervo cultural.

# Lección 29: Práctica vocal

**Objetivo**: Se dispone a entonar melodía a una voz

Para llevar a cabo la práctica vocal es necesario tener en cuenta una serie de ejercicios y técnicas que con llevan a lograr una voz clara y con excelente sonido. Primeramente, se debe tener una buena postura, estar relajados, la cabeza erguida, inhalar aire por la nariz y exhalarlo por la boca, inflar globos ayuda en esta técnica. La vocalización constituye otra práctica para la voz, es preciso que lo hagas abriendo la boca lo más que puedas aplanando la lengua de forma tal que te veas en el espejo la campanilla. Recuerda que debes tener una correcta pronunciación de tus palabras, una adecuada hidratación de tus cuerdas vocales mediante agua a temperatura ambiente, y tener presente tu rango vocal que el profesor(a) te estará indicando cual es el tuyo.

Antes de comenzar la práctica es preciso que conozcas cual es el tipo de voz que presentas, pues existen diferentes tipos de voces. En las mujeres están soprano, mezzosoprano y contralto.

Con la ayuda del instrumento se irán clasificando cada una de las voces y se agruparán en dependencia del tipo de voz. Para agrupar las voces primero se comenzará con el registro más agudo, como aparece en el ejemplo, es decir del **do** central a **la**, las mezzosoprano o voces medias, irían de **la** grave a **fa**, y por último las voces graves o contraltos de **fa** grave al **re** de la cuarta línea. Una vez formado el coro por sus voces, estarán listo para comenzar a cantar.

Bajo    Barítono    Tenor    Contralto    Mezzosoprano    Soprano

**Actividad en clases**

1. Teniendo en cuenta el contenido estudiado en clases responda:

a. Escriba qué ejercicios debes tener en cuenta para lograr una excelente voz en el canto.

_____
_____
_____
_____

2. ¿Para agrupar las voces con cuál registro se debe comenzar?

_____

3. Observe el pentagrama que aparece al inicio de la página y diga cómo se clasifican las voces femeninas y masculinas:

Voces femeninas: _____

Voces masculinas: _____

4. Bajo la orientación de su profesor(a) entona el siguiente canto navideño a una sola voz.

# Noche de paz

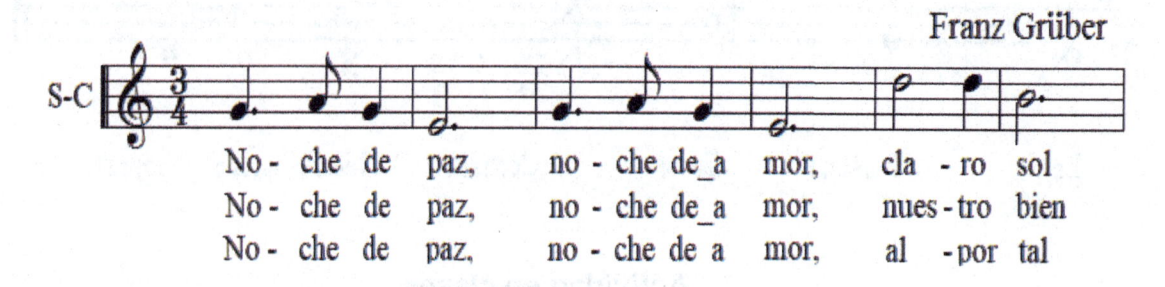

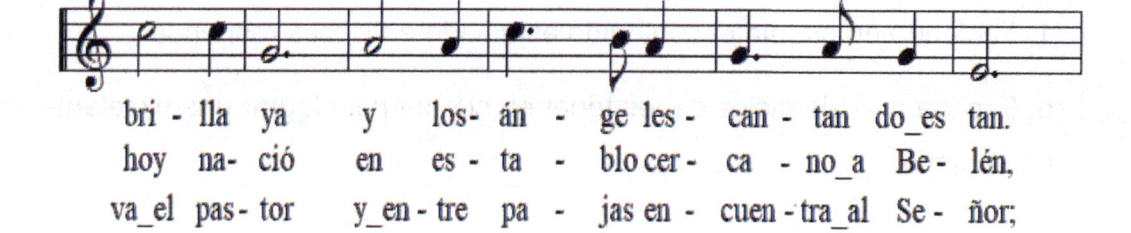

Franz Grüber

No-che de paz, no-che de_a mor, cla-ro sol bri-lla ya y los-án-ge les- can-tan do_es tan. Glo-ria_a Dios, glo ria_al- Rey e-ter nal. Duer-me el Ni-ño Je- sús,\_\_\_ duer-me el Ni-ño Je-sús.\_\_\_

No-che de paz, no-che de_a mor, nues-tro bien hoy na-ció en es-ta blo cer-ca-no_a Be-lén, en-tre pa-jas, la mu-la_y el buey Glo-ria_a Dios en el cie-lo, y en la tie-rra_ha ya paz.\_\_\_

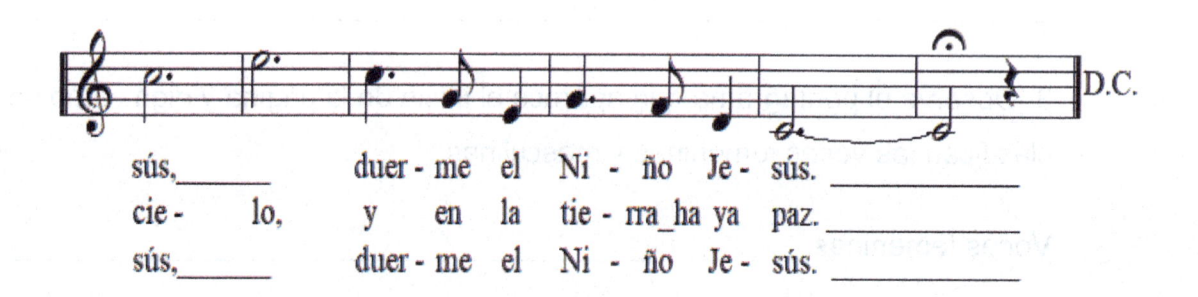

No-che de paz, no-che de a mor, al -por tal va_el pas-tor y_en-tre pa-jas en-cuen-tra_al Se-ñor; ya Ma-rí-a son-rí-e la faz, duer-me_el Ni-ño Je-sús,\_\_\_ duer-me el Ni-ño Je-sús.\_\_\_

D.C.

# Lección 30: Práctica vocal e instrumental

**Objetivo**: Se dispone a entonar melodía a dos voces.

1. Interprete la siguiente canción primeramente al instrumento y después la cantará con su propia voz, pero a dos voces junto a tus compañeros.

## Aserrín, aserrán

A- se- rrín, a- se- rrán, las guagui-tas de San Juán,

Pi-den pan, no les dan, pi-den que-so, les dan hue-so,

A- se- rrín, a- se- rrán, a las g ua- g

Lección 31: Práctica vocal e instrumental

**Objetivo**: Se dispone a entonar melodía a dos voces.

1. Interprete la siguiente canción primeramente al instrumento y después la cantarás con su propia voz, pero a dos voces junto a tus compañeros.

## Cumpleaños feliz

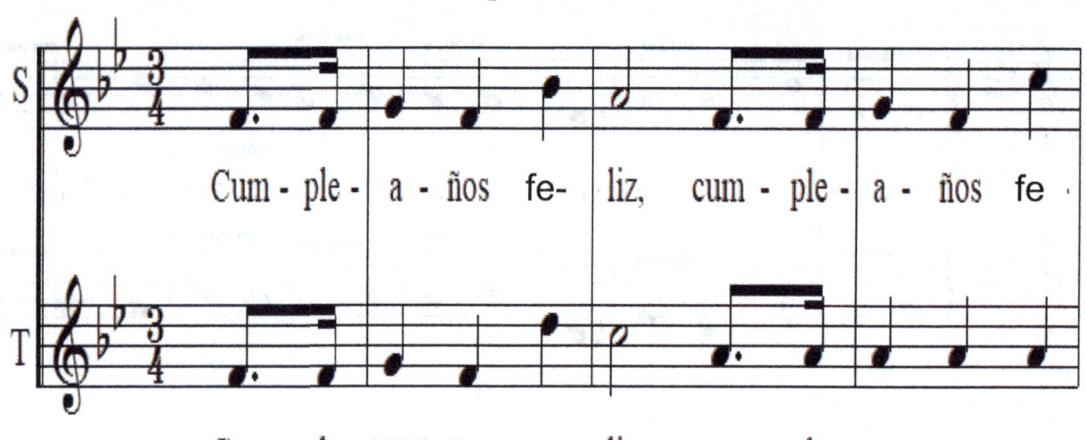

S: Cum - ple - a - ños fe - liz, cum - ple - a - ños fe -

T: Cum - ple - a - ños fe - liz, cum - ple - a - ños fe -

liz, te de - se - a - mos to - dos, cum - ple - a - ños fe liz.

liz, te de - se - a - mos to - dos, cum - ple - a - ños fe liz.

D.C.

# Lección 32: Obras folclóricas y eruditas del repertorio nacional

**Objetivo**: Expone sobre la obra folclórica musical de un compositor nacional.

El repertorio musical panameño abarca obras folclóricas y eruditas, en cuanto a las folclóricas encontramos géneros instrumentales como la mejorana, el punto, la cumbia y vocales entre ellas la saloma, el tamborito, la tuna, la mejorana, congos, las murgas y bullerengues.

Nuestras melodías folklóricas han brillado no solamente en escenarios nacionales sino también internacionales. Dentro de los principales compositores de música folclórica se destacan Yin Carrizo, Victorio Vergara, Inocente Sanjur, Teresín Jaén, Alfredo Escudero, Osvaldo Ayala, Dorindo Cárdenas, Ceferino Nieto, Ulpiano Vergara, Herminio Rojas, Luis Enrique Azcárraga Deliot, Samy y Sandra Sandoval, Ricardo Fábrega.

Otros compositores panameños que se han destacado en el ámbito nacional e internacional, pero con obras eruditas se encuentran, por ejemplo, Rubén Blades con su tan famosa, Pedro Navaja, Ligia Elena, Decisiones, Buscando guayaba y otras. Carlos Eleta Armarán creador de canciones como Nostalgia, Virgencita Morena, y su joya musical **Historia de un amor**, bolero con más de 50 versiones y más cantado en varios idiomas en el mundo, lo han interpretado artistas de la talla de Raphael, Laura Pausini, Marco Antonio Solís, David Bisbal, Diego el Cigala y Ana Gabriel. Omar Alfanno, es otro de nuestros grandes creadores musicales entre sus melodías se destacan, Y Hubo Alguien, A Puro Dolor, Que Alguien Me Diga, Nadie Como Ella, Esa Mujer. Erika Ender otra de nuestras compositoras exitosas entre sus melodías se destaca: Así Eres Tú, Ábreme la puerta, Luna Nueva, Ataúd, Te Conozco de Antes, Darnos un Día, Cheque al Portador, y Despacito que fue una de las más escuchada en el mundo en esta creación también participó Daddy Yankee y Luis Fonsi.

**Actividad en clases**

1. Encuentre en la siguiente sopa de letras y escriba en la línea los temas musicales de cada uno de nuestros compositores.

| A | D | E | S | P | A | C | I | T | O | L | C |
|---|---|---|---|---|---|---|---|---|---|---|---|
| B | E | Y | A | E | H | A | E | N | V | I | H |
| R | C | H | S | D | I | P | S | A | I | G | E |
| E | I | U | I | R | S | U | A | D | R | I | Q |
| M | S | B | E | O | T | R | M | I | G | A | U |
| E | I | O | R | N | O | O | U | E | E | E | E |
| L | O | A | E | A | R | D | J | C | N | L | A |
| A | N | L | S | V | I | O | E | O | C | E | L |
| P | E | G | T | A | A | L | R | M | I | N | P |
| U | S | U | U | J | D | O | I | O | T | A | O |
| E | T | I | M | A | E | R | D | E | A | S | R |
| R | E | E | F | A | U | L | A | L | M | U | T |
| T | I | N | A | J | N | U | R | L | O | P | A |
| A | S | P | E | D | A | S | M | A | R | I | D |
| Z | H | I | D | O | M | L | E | D | E | E | O |
| A | M | E | S | I | O | H | I | A | N | R | R |
| I | G | E | A | P | R | A | T | I | A | R | L |
| L | U | N | A | N | U | E | V | A | S | E | A |

Erika Ender:
_____
_____
_____
_____
_____.

Rubén Blades:
_____
_____
_____
_____
_____.

Carlos Eleta:
_____
_____
_____
_____
_____

Omar Alfanno:
_____

2. Escriba el nombre de 5 compositores de música folclórica:
_____
_____.

3. Escriba el nombre de la nacionalidad y nombre de los compositores que escribieron junto a Erika Ender el tema, Despacito.
_____
_____

# Trabajo en competencias

## Actividad individual

1. Investigue el nombre del autor de la canción urbana Picky y la fecha en que se publicó.
2. Investigue el nombre de la autora de los siguientes temas que interpretan Sandra y Samy Sandoval: ¿Qué Sabe Ella?, Migajas, Fruta Madura y Atiza el Fogón. Disfruta de estos temas escuchándolo por You Tube.
3. Escriba el nombre de tres canciones folclóricas compuestas por Osvaldo Ayala, y tres de Ulpiano Vergara.
4. Investigue el nombre de los artistas internacionales que interpretan las siguientes melodías del compositor panameño Omar Alfanno:

Y Hubo Alguien:

_____.

A Puro Dolor:

_____.

Que Alguien Me Diga:

_____.

Nadie Como Ella:

_____.

Esa Mujer:

_____.

## Actividad grupal:

1. Formarán 5 equipos y cada uno escogerá 1 compositor y expondrá la biografía del mismo, deben apoyarse con tema musical del autor.

   a. Carlos Eleta Armarán.   b. Yin Carrizo.   c. Ricardo Fábrega.
   d. Erika Ender.   e. Rubén Blades.   f. Samy y Sandra Sandoval.
   g. Omar Alfanno.   h. Victorio Vergara.   i. Ceferino Nieto.
   j. Osvaldo Ayala

# Lección 33: Obra del repertorio nacional

**Objetivo**: Interpreta obra del repertorio nacional.

### Actividad práctica

1. Interprete al instrumento obra del repertorio nacional, Historia de un amor de Carlos Eleta Armarán.

## Historia de un Amor

Carlos Eleta Almaran (Panamá)

# Lección 34: Obras del repertorio internacional

**Objetivo**: Expone sobre la obra musical de un compositor internacional.

Cuando hablamos de obras internacionales incluimos tanto música clásica como popular, ambas tienen gran importancia para todos, pues disfrutamos sus melodías, ya sea de forma instrumental en un concierto, aeropuertos, restaurantes, reuniones, fiestas y otras actividades sociales.

Entre las obras clásicas internacionales tenemos el Claro de Luna de Ludwig van Beethoven, Para Eliza; de Franz Schubert sus sinfonías, el Ave María que tanto se escucha en bodas y otras celebraciones; Wolfgang Amadeus Mozart con su obra La flauta mágica, Marcha turca; de Frédéric Chopin sus famosos nocturnos entre ellos el Opus 9 y el póstumo.

Existe otra modalidad de música, la popular que disfrutamos al igual que la clásica y en la que se han destaco muchos compositores e intérpretes. Entre los géneros más conocidos de este tipo de música tenemos: el Rap conocido también como hiphop en este se ha destacado el norteamericano Jay-Z, cuyo verdadero nombre es Shawn Corey Carter; el Rock, uno de sus creadores fue Elvis Presley, Música electrónica esta utiliza tecnologías de audio analógica o digital uno de sus compositores fue Halim El Dabh; el Pop género en el que tenemos intérpretes como Rihanna, Lady Gaga, y el desaparecido Michael Jackson; el Jazz uno de sus exponentes fue Louis Armstrong, el Bossa Nova es una mezcla de samba brasileña y jazz; la Salsa o música para bailar, entre las mejores obras está, Cali Pachanguero, La vida es un carnaval, Ven devórame otra vez, entre otras; el Merengue otro estilo musical que todos hemos disfrutado con canciones como: Suavemente por Elvis Crespo, Eres ajena, interpretado por Eddy Herrera, las Avispas de Juan Luis Guerra; el Reguetón género muy aceptado en nuestro país, entre sus intérpretes tenemos Daddy Yankee con su Gasolina; Don Omar uno de sus temas es Salió el sol, Bad Bunny y su famosa melodía: Tití me preguntó ; Carol G con sus temas uno de ellos, Bichota.

Existen muchos más géneros musicales cada uno con sus diversas obras, las cuales al igual que los nuestros tienen gran importancia pues nos permiten expresar a través de sus melodías alegrías, miedos, y todo sentimiento que puede experimentar cualquier ser humano.

**Actividad en clases**

1. Lea con atención las siguientes preguntas y resuelva el siguiente crucigrama.

**Horizontales**
1. Reguetón interpretado por Bad Bunny
4. Intérprete del Pop
6. Nombre del rey del pop
8. Género musical que interpretaba Shawn Corey Carter
9. Compositor de música electrónica

**Verticales**
2. Título de la obra interpretada por Daddy Yankee
3. Tema de Carol G
5. Título de música salsa
7. Tema musical de de Ludwig van Beethoven
10. Uno de los creadores del Rock

## Actividad para el hogar

1. Investiga y completa el siguiente cuadro relacionado con el nombre de los grupos o artistas de salsa que interpretan los temas que ahí aparecen.

| Obra musical | Autor | Intérprete | Nacionalidad del autor e intérprete |
|---|---|---|---|
| Cali Pachanguero | | | |
| La vida es un carnaval | | | |
| Ven devórame otra vez | | | |

## Trabajo en competencias

### Actividad individual

1. Investiga en internet el nombre y nacionalidad del autor del tema: Flor pálida, canción que canta Marc Anthony.
2. Investigue y exponga la vida del autor de la pregunta 1.
3. El compositor e intérprete puertorriqueño Gilberto Santa Rosa canta una canción del autor investigado en la pregunta 1. Escriba el título de esta melodía:

_____.

### Actividad en equipo

**Sugerencias:** Apoyar el trabajo con música de cada compositor.

1. Planifique con sus compañeros y formen 7 equipos de a 4, se pondrán de acuerdo y cada grupo seleccionará un compositor internacional diferente de los cuales van a desarrollar los siguientes temas:

    a. Biografía del compositor.

    b. Títulos de sus composiciones.

    c. Nombre de cantantes que interpretan sus canciones de no haberlo entonces hacer la salvedad en este caso.

    d. Confeccionar un mural con toda la información recopilada de cada equipo.

# Lección 35: Obras de películas y otros cantos

**Objetivo**: Confecciona un esquema con obras musicales de películas y otros cantos.

**Sugerencias:** Se sugiere orientar a los estudiantes desde la clase anterior investigar acerca de las obras musicales que se han utilizado en diferentes películas, documentales, obras de teatro, conciertos, etc. Apoyar el material con música de cada tema seleccionado. Solicitar que se organicen en equipo y desarrollen el esquema con las informaciones recopiladas. Pueden cambiar el diseño y agregar otros cuadros.

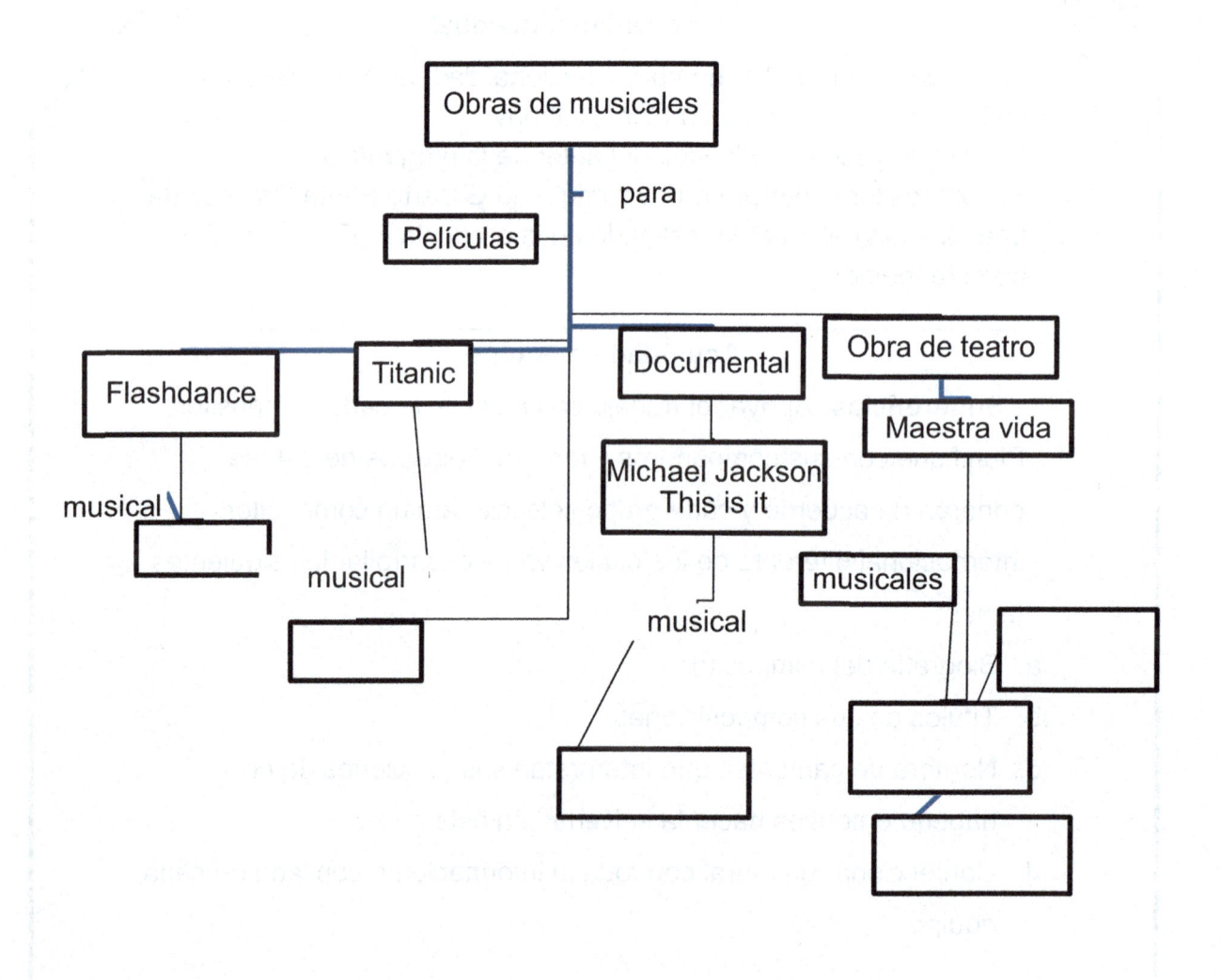

```
                    ┌──────────────────┐
                    │ Obras de musicales│
                    └─────────┬────────┘
                              │ para
                    ┌─────────┴────────┐
                    │    Películas     │
                    └─────────┬────────┘
        ┌──────────┬──────────┼──────────┬──────────────┐
  ┌───────────┐ ┌────────┐ ┌──────────────┐ ┌──────────────┐
  │ Flashdance│ │ Titanic│ │  Documental  │ │ Obra de teatro│
  └─────┬─────┘ └───┬────┘ └──────┬───────┘ └──────┬───────┘
     musical    musical    ┌──────┴───────┐   ┌────┴─────┐
   ┌──────┐   ┌──────┐     │Michael Jackson│  │Maestra vida│
   └──────┘   └──────┘     │  This is it   │  └────┬─────┘
                           └──────┬────────┘    musicales
                               musical      ┌──────┴──────┐
                            ┌──────┐        └─────────────┘
                            └──────┘        ┌─────────────┐
                                            └─────────────┘
```

**Lección 36:** Obras musicales de películas

**Objetivo:** Interpreta al instrumento obra musical de película.

**Sugerencias:** Esta actividad puede ser evaluativa.

**Actividad práctica**

1. Interprete al instrumento la obra musical cuya banda sonora acompañó la película Titanic.

## Titanic

# Glosario

**Acorde**: Conjunto de tres o más nota que suenan al unísono y constituyen una unidad armónica.

**Altura musical**: Parámetro que determina la frecuencia de un sonido.

**Banda de música:** Son bandas dedicadas a la interpretación de la música jazz

**Banda Sinfónica:** Conjunto de músicos que interpretan instrumentos de viento, de percusión y algunos de cuerda.

**Barroco:** Movimiento cultural y artístico que se desarrolló en Europa y sus colonias americanas entre finales del siglo XVI y principios del XVIII.

**Blanca**: Figura musical, cuyo valor es 2 tiempo formada por una cabeza blanca y una plica.

**Cabeza o topillo**: Parte de la nota musical de forma ovalada.

**Capacidad respiratoria**: Cantidad de aire que es posible expulsar de los pulmones.

**Clásico:** Período de mayor auge cultural – artística.

**Clave de fa**: Primer signo que se coloca en el pentagrama grave.

**Clave de sol**: Signo apropiado para representar sonidos agudos.

**Clave musical**: Signo que se emplea para indicar la altura del sonido.

**Compás**: Categoría métrica musical compuesta por unidades de tiempo.

**Corchea**: Figura musical que se representa con un óvalo coloreado en negro, unido a una plica vertical con un corchete.

**Cuerdas vocales**: Estructura del aparato fonador encargado de la producción de la voz.

**Dosillo**: Grupo de dos notas con igual duración.

**El sistema de notación musical inglés o anglosajón**: Es un tipo de notación musical alfabético.

**Eruditas**: Mùsica elaborada que no pertenece al folklore.

**Escala cromática**: Es la sucesión de notas de en modo ascendente y descendente.

**Escala musical**: Conjunto de sonidos ordenados, dispuestos en orden ascendente y descendente.

**Fusa**: Figura musical que se representa con un óvalo coloreado en negro, unido a una plica vertical con tres corchetes.

**Impresionismo:** Inclinación musical que surgió en Francia a finales del siglo XIX.

**Instrumentos autóctonos**: Son aquellos originarios de un país o región.

**Instrumentos de cuerda**: Son los que producen sonidos por medio de la vibración de una o varias cuerdas.

**Instrumentos de percusión**: Son los que producen sonidos al ser golpeado con una baqueta, una maza, otro instrumento del mismo tipo.

**Instrumentos de viento**: Crean sonidos por medio de la vibración producida por una columna de aire.

**Instrumentos melódicos**: Son aquellos que se pueden afinar.

**Instrumentos no melódicos**: Son aquellos que no se pueden afinar.

**Intervalo**: Diferencia de altura entre dos notas musicales.

**Litúrgico**: Estilo de música que pertenece al teatro y a la danza.

**Melódico**: Sonido con alturas y ritmos musicales.

**Monódica:** Textura musical característica de la música medieval.

**Negra**: Figura musical cuyo valor es 1 tiempo, formada por una cabeza sombreada y una plica.

**Nota musical**: Elemento mediante el cual se forman diferentes melodías.

**Pentagrama agudo**: Donde se ubican las notas de alta frecuencia audible.

**Pentagrama doble**: Compuesto por pentagrama agudo y pentagrama grave, utilizado para instrumentos como el piano.

**Pentagrama grave**: Donde se ubican las notas de baja frecuencia audible.

**Pentagrama**: Conjunto de cinco líneas y cuatro espacios.

**Pentatónica:** Escala de cinco notas.

**Plica**: Línea vertical que va unida a la cabeza de la nota.

**Redonda**: Figura musical, cuyo valor es 4 tiempos formada solamente por la cabeza.

**Registro o extensión vocal**: Término extenso pues incluye todos los sonidos que llega una voz desde el grave hasta el agudo.

**Ritmo**: Movimiento controlado medido o sonoro.

**Romanticismo:** Período de la música que fue precedido por el Clasicismo y seguido por el Impresionismo.

**Rubato:** Aceleración y desaceleración del tiempo.

**Semicorchea**: Figura musical que se representa con un óvalo coloreado en negro, unido a una plica vertical con dos corchetes.

**Silencio Musical**: Ausencia de ruido o silencio.

**Sonido determinado**: Sonido melódico en el que se puede medir la altura.

**Sonido indeterminado**: Es un sonido que no tiene melodía y no se puede medir la altura.

**Sonidos agudos**: Sonidos cuya frecuencia es alta.

**Sonidos graves**: Sonidos o tonos cuya frecuencia es baja.

**Viento metal**: Instrumentos musicales de viento formado por un tubo de metal que puede estar doblado o recto.

**Vocalizar**: Pronunciación de forma correcta de todos los sonidos.

# BIBLIOGRAFÍA

Rodríguez Ada, Alegría Musical 1, Panamá, Editorial Montilla.2016

Rodríguez Ada, Alegría Musical 2, Panamá, Editorial Montilla 2017

Rodríguez Ada, Alegría Musical 3, Panamá, Editorial Montilla 2016

Rodríguez Ada, Alegría Musical 4, Panamá, Editorial Montilla 2019

Rodríguez Ada, Alegría Musical 5, Panamá, Editorial Montilla 2019

Rodríguez Ada, Alegría Musical 6, Panamá, Editorial Montilla   2020

Rodríguez Ada, Alegría Musical 7, Panamá, Editorial Montilla   2021

Rodríguez Ada, Alegría Musical 8, Panamá, Editorial Montilla 2023

Garay Díaz, Narciso E, Tradiciones y cantares de Panamá, 1999

| | |
|---|---|
| Editorial Arte y, Literatura | Diccionario Oxford de la Musica.1980 |
| Athos Palma | Teoría razonada de la música. 2008 |
| Hugo Riemann | Teoría general de la música. 2005 |
| Paul Hindemith | Elementary Trining for Músicians. 1946 |
| Ríos, Régulo | Iniciación musical para la escuela panameña. ImprentaLIL. Costa Rica1987. |
| | Cuaderno de Teoría. 1971 |
| John Bramhall | |

Jesús Antonio Quiñones, El uso pedagógico del Kamu Purrui para el desarrollo de la sensibilidad en las nuevas generaciones. 2013

WIKIPEDIA. Origen del clasicismo

GARCÍA MERCADAL, José. Lo que España llevó a América. Editorial Taurus D.L. Madrid. 1959

Made in the USA
Columbia, SC
04 February 2025